Manfred Kautz

Essen und trinken, wie ich es mag

Manfred Kautz
Essen und Trinken, wie ich es mag
Mechernich, April 2024

ISBN: 978-3-9825245-3-5

Verlag, Gestaltung und Satz:
Campaign House GmbH & Co. KG,
Bergisch Gladbach

Widmung

Dieses Kochbuch widme ich all denen,
die gutes Essen und Trinken zu schätzen wissen,
besonders meinen Freunden und Bekannten,
mit denen ich schon manchen schönen Abend
bei kulinarischen Köstlichkeiten
verbracht habe.

Zu guter Letzt widme ich es meinem Sohn Jan-Robert.

Illustration: Markus Cavegn

La dolce vita...

Mal ganz ehrlich: Wie oft sind wir neidisch, weil wir anderen Menschen dabei zusehen (müssen), dass sie das „süße Leben" genießen, während wir uns Gedanken machen:
Über die eigene Körperfülle, die Gesundheit, unseren Zustand in x Jahren, das Geld, die missgünstigen Blicke der Nachbarn, der Verwandtschaft, so genannter Freunde...

Ich habe mich irgendwann entschlossen, im HIER UND JETZT zu leben, meiner Gesundheit HEUTE eine tüchtige Portion Fröhlichkeit zu verpassen, um ihr den Kampf gegen Kalorien, BMIs, Taillen, Kleidergrößen und *„eventuell vielleicht unter Umständen mal irgendwann"* auftretende Beschwernisse zu erleichtern, statt miesepetrig zu überlegen, ob die Diät jetzt vor oder nach dem Essen genommen werden muss.
Die seelische Gesundheit ist mindestens so wichtig wie die körperliche, finde ich.

Und so kam ich zu gutem Essen und Trinken - und irgendwann auch dazu, meine Lieblingsspeisen selbst zuzubereiten: Mit Zutaten bester Qualität, mit den Ratschlägen guter Freunde und mit der Liebe zu meinem Körper, der inzwischen wohlgenährt und mit delikaten Speisen und Getränken versorgt zu einem Zeugnis guten Lebens geworden ist.
Wenn Ihnen die Gegenwart auch wichtiger ist als eine Zukunft, die möglicherweise nicht einmal eintritt, dann erfreuen Sie sich an den Rezepten und Hinweisen, die ich hier über Jahre zusammengetragen habe. Ich freue mich für Sie mit.

Ihr Manfred Kautz

Inhalt

Essen & trinken, wie ich es mag

So wie ich es sehe, begannen wir in Deutschland die mediterranen Genüsse in den 60er Jahren kennen zu lernen, als die ersten Gastarbeiter aus Italien, Spanien, Portugal und Griechenland zu uns kamen und ihre (Ess-)Kultur mitbrachten.
Sie steckten uns Deutsche schnell an mit ihren Erzählungen, luden uns ein, ihre Länder zu besuchen. Und schon waren die Ersten in Richtung Süden unterwegs. Man fuhr mit Zelt oder Wohnwagen an den Gardasee, nach Rimini oder an die Costa Brava, und jeder brachte sich ein wenig Süden, Sonne, Sand und Meer mit.

Anfangs waren die Deutschen nur selten von der mediterranen Küche begeistert, so dass die Südländer in ihrer Heimat die „Deutschenküche" einführten: Schon bald gab es überall auch Eisbein mit Sauerkraut oder Schnitzel. Und die Italiener, die in Deutschland eine Pizzeria aufmachten, mussten ihre Pizzen und Nudelgerichte dem deutschen Geschmack anpassen: dicker Pizzateig mit fetter Auflage, kalorienreiche Soßen, nichts typisch Italienisches.
Es dauerte noch eine ganze Weile, bis die Deutschen die mediterrane Küche schätzen lernten.
Erst in den 90ern boomte es dann regelrecht. Alle interessierten sich auf einmal für die gute Küche der Südländer und deren tolle Weine.

Spezialitäten, die man bis dato nur im Feinkostladen erhielt, konnte man jetzt auch im Supermarkt an der Ecke bekommen: Edle Weine, Parma- oder Serrano-Schinken, Mortadella oder Paprikawurst, Pesto, spanisches Bier und, und, und …
Und jetzt, im 21. Jahrhundert, wo es bald mehr Sterneköche als Restaurants gibt, komme ausgerechnet ich mit meinem kulinarischen Hobby:
Seit den 80ern habe ich mich unzählige Male im mediterranen Raum (vorwiegend in Frankreich, Spanien und Italien) aufgehalten und die verschiedensten Landschaften kennen und lieben gelernt.

Ich mag es, mich unter das Volk zu mischen und mich fast wie ein Chamäleon anzupassen.
So wurden mir oft Haus und Hof aufgetan, wodurch ich die einheimische Kultur richtig kennen lernen durfte. Hiervon eignete ich mir vieles an, das mich seither begleitet.
In den meisten Regionen waren die Leute von jeher arm und dem entsprachen die Speisen und Getränke: einfach, doch nie schlecht. Ganz im Gegenteil: Die Speisen sind lecker und nahrhaft zugleich, der Wein - meist regionaler Landwein - ist ehrlich, jung und frisch.
Er wird oft noch in Korbflaschen von 5 oder 10 Litern beim Weinbauern gekauft und steht tagtäglich auf dem Tisch.

Viele Rezepte habe ich einfach abgeschaut und nachgekocht oder mir die Anregungen geholt, um selbst Gerichte zu kreieren.
Kulinarisches lässt sich überall genießen. So sind in meine Rezeptsammlung aus weiteren europäischen Ländern, speziell aus Deutschland, noch einige andere Gerichte hineingeraten, die ich besonders schätze.

Glücklich sein ist kein Dauerzustand. Ich genieße es aber immer wieder, mit lieben Freunden einen guten Wein und ein leckeres Essen zu teilen. Daher würde es mich sehr freuen, wenn dieses Buch auch Ihnen Freude und einige glückliche Stunden schenken könnte.

Toskana ist ein Lebensgefühl

Es soll Leute geben, die für ein verlängertes Wochenende in die Toskana fahren. Zum Auftanken.... Denn in der Toskana tankt man Lebensfreude und die bekommt man dort umsonst.

Zum Beispiel auf der einsamen Huckelpiste auf dem Weg zum versteckten Weingut Rippabello, mitten im Wald oder bei San Gimignano, wo das Land so friedlich und wohlgestaltet ist, dass es einem den Atem nimmt. Auf dem Campo in Siena, wo sich Rucksacktouristen auf dem Pflaster ausstrecken und dem Komiker Beifall klatschen, der vor den Stühlen und Tischen der Cafés und

Restaurants den vorbeischlendernden biederen Fremden nachahmt mit viel Witz und Häme.
Und vor allem wegen der traumhaft schönen Anwesen draußen auf dem Lande, wo so viele hervorragende Weine erzeugt werden, und auch wegen der heiter rebellischen Menschen, die hier zu Hause sind, unabhängig und tolerant, offenherzig und hilfsbereit.
Ja.. und dann ist da noch dieses besondere Licht der Toskana, das es tatsächlich gibt. Es lugt hinter dem Apennin hervor, wenn man von Bologna auf die Bergkette zufährt. Sogar bei verhangenem Himmel. In der Toskana ist eben alles anders.

Alle nachfolgend aufgeführten Rezepte sind für 4 Personen gedacht.

Agnello alla Pastora

Lamm mit Kartoffeln wie von der Schafhirtin

800 g Lammfleisch
500 g Kartoffeln
eine kleine Dose Tomaten
4 EL Olivenöl
2 EL gehackte Petersilie
1 Rosmarinzweig
1 TL Oregano
1 Zwiebel, in feine Ringe geschnitten
1 Knoblauchzehe, gehackt
50 g Pecorino, gerieben
Salz und Pfeffer aus der Mühle

Das Lammfleisch in Stücke schneiden. Die Kartoffeln schälen, waschen, grob würfeln und mit dem Lammfleisch in eine hohe feuerfeste Form geben. Bei 170 Grad für 2 Stunden in den Ofen stellen.
In der Zwischenzeit geben wir die Tomaten in eine Schüssel, dann Olivenöl, Kräuter, Zwiebel und Knoblauch dazu.
Alles gut verrühren!
Nach 30 Min. kommen Tomaten und Kräuter zum Lammfleisch, dann decken wir dieses mit einer Alufolie ab und lassen es eine weitere Stunde im Ofen.
Nach Ablauf der Stunde nehmen wir die Folie ab und streuen den Pecorino über das Ganze.
Nochmal für 20 Min. ohne Alufolie in den Ofen. Fertig!

4 Pers.

Mein Tipp Marco Bonfante - Nebbiolo Imma Langhe DOC siehe S. 32/33

Aioli

1 Ei
1 Spritzer Zitronensaft
200 ml Pflanzenöl
4 Knoblauchzehen
1/2 TL Salz

Die Knobizehen, Ei und das Salz in ein schmales Gefäß geben. Das Öl dazugeben und mit einem Stabmixer auf höchster Stufe nach oben ziehen, bis die Aioli schön cremig ist.
(Den Stabmixer auf den Boden des Gefäßes stellen und dann bei höchster Stufe langsam nach oben ziehen). Zum Schluss mit Zitronensaft würzen.
Die Aioli nicht erst kurz vor dem Essen zubereiten.
Je länger sie zieht, desto intensiver wird der Knoblauchgeschmack.

Die Zutaten sollten alle ungefähr die gleiche Temperatur haben,
sonst gibt es Aioli-Milch!

4 Pers.

Amalfi Tuben

1 Kg Tintenfisch Tuben
4 Zitronen
200 ml Olivenöl
3 EL Karpern
4 Anchovis Filets
Salbei, Rosmarin, Petersilie glatt, Minze
5 Knoblauchzehen
1 Chili frisch
25 gr. Pinienkerne

Zuerst geben wir uns an die Marinade. Wir nehmen eine Schüssel, pressen die Zitronen aus und geben das Olivenöl in die Schüssel. Nun schneiden wir die Kapern und alle anderen Zutaten sehr fein und klein und geben diese ebenfalls in die Schüssel. Die Pinienkerne, wenn möglich, in einer Pfanne rösten, im Mörser kleinmachen und auch dazu geben. Die Marinade ein paar Stunden ziehen lassen.
Die Tuben aufschneiden, so dass man sie aufklappen kann und dann ein Schachbrettmuster einschneiden (nur einritzen!).
Dann auf den Holzkohle-Grill.
Die Tuben werden sich schnell einrollen.
Das ist gewünscht! Wenn die Tuben schönes Röstaroma angenommen haben, zieht man diese durch die Marinade und genießt sie.

4 Pers. | Mein Tipp: Zenato – Chardonnay Santa Cristina – Italien - Gardasee
siehe S. 32/33

Boeuf Bourguignon

3-4 EL Öl
280 g Räucherspeck
2 kg mageres Schmorfleisch, in große Stücke geschnitten (am besten vom Charolais-Rind)
1 Flasche gehaltvoller Rotwein in Zimmertemperatur
4 Knoblauchzehen
2 EL Tomatenmark
350 ml heiße, kräftige Rinderbrühe
2 mittelgroße Karotten
1 Gewürzstrauß (Bouquet garni)
Salz und gemahlener schwarzer Pfeffer
3 EL frisch gehackte Petersilie, zum Servieren

Für die karamellisierten Schalotten und Pilze:

60 g Butter
400 g kleine Schalotten (Perlzwiebeln)
400 g kleine Champignons
Zum Eindicken der Beurre manié (Mehlbutter):
45 g weiche Butter
2 EL Weizenmehl

1. 3 EL Öl im Bräter bei mittlerer Hitze aufwärmen. Den Speck hinzufügen und leicht braun anbraten. Mit einem Schaumlöffel herausnehmen (lassen Sie das Öl im Bräter) und beiseitestellen. Das Fleisch portionsweise dazugeben und scharf anbraten. Den Speck und das gesamte Fleisch wieder in den Bräter geben und mit dem Wein ablöschen.
2. Knoblauch, Tomatenmark, Rinderbrühe, Karotten, Gewürzstrauß und 2 TL schwarzen Pfeffer hinzugeben. Die Zutaten auf mittlerer Hitze zum Kochen bringen. Sobald der Topfinhalt köchelt, die Temperatur reduzieren und zugedeckt 2,5 Stunden köcheln lassen.

4 Pers. Mein Tipp Nicolas Millet - Sancerre Rouge - Frankreich siehe S. 32/33

3. Eine halbe Stunde, bevor das Rindfleisch fertig ist, die Schalotten karamellisieren. Dazu 30 g Butter in einer Pfanne bei niedriger Temperatur schmelzen. Die Schalotten hinzugeben und 10 – 15 Minuten goldbraun karamellisieren lassen. Dieser Vorgang erfordert Geduld, aber das langsame Karamellisieren erzeugt einen intensiveren Geschmack.
Mit einem Schaumlöffel auf einen Teller geben.
4. Die übrigen 30 g Butter ebenfalls in der Pfanne schmelzen, die Pilze hinzugeben und schön braun anbraten.
5. Wenn die 2 Stunden vorüber sind, den Deckel vorsichtig vom Bräter nehmen und den Gewürzstrauß herausnehmen.
6. Für die Beurre manié Butter und Mehl in einer Schüssel vermengen. In kleinen Mengen hinzufügen und jeweils unterrühren. Die karamellisierten Schalotten und Pilze dazugeben.
10 – 15 Minuten reduzieren und eindicken lassen.
7. Zum Schluss nochmal alles gut verrühren und abschmecken. Vor dem Servieren mit Petersilie bestreuen. Zu diesem Gericht passt sehr gut Kartoffelpüree oder frisches Baguette.

Bouillabaisse - Meine Version

1 Bund Suppengrün (Möhren, Sellerie, Lauch)
1 große Fenchelknolle
4 Knoblauchzehen
2 Zwiebeln
Frischer Thymian (5-6 Stengel)
Frisches Bohnenkraut (5-6 Stengel)
1 Messerspitze echter Safran
1 EL Tomatenmark
3 Blätter echter Lorbeer
1 Flasche französischen Weißwein
¼ l Noilly Prat
4 cl Pastis
1 kleine getrocknete Chili
5 EL Olivenöl
Salz
Pfeffer
Fisch & Meeresfrüchte
Seeteufel
Dorade
Rotbarbe
Garnelen
Miesmuscheln
Calamar

Orangen in der Fischsuppe? Ja, zur Originalbouillabaisse à Marsellaise kommen auch noch gewaschene Orangenschalen hinzu, die mitgekocht werden und der Fischsuppe so ein noch fruchtigeres und mediterraneres Flair geben. Wer mag, kann die Suppe später auch noch mit ein paar Orangenschalen garnieren und servieren.

4 Pers. Mein Tipp Poul Crochot – Petit Chablis - Frankreich siehe S. 32/33

Zubereitung
Zunächst wird das Gemüse geputzt und kleingeschnitten. Allerdings nur grob. Das geht schön schnell und reicht auch vollkommen aus. Danach kommt alles Gemüse in einen Topf und wird mit einem kräftigen Schuss Olivenöl fünf bis zehn Minuten scharf angebraten. Schon dabei kommen wunderbare Aromen zusammen!
Anschließend wird die Melange mit dem gesamten Weißwein abgelöscht und mit einem viertel Liter Wasser aufgefüllt. Dazu kommen Salz und das Tomatenmark. Jetzt geben Sie bitte auch etwas Safran, frisch gemahlenen Pfeffer (nicht sparen!), die frischen Kräuter, den Lorbeer und die kleine Chili dazu. Die Kräuter habe ich immer im Garten und nehme davon ungefähr eine Handvoll. Also hier nicht geizen! Der Chili gibt dem Ganzen mehr Pepp.
Ich finde, eine französische Fischsuppe muss würzig-scharf schmecken…
Alles zusammen rund 10 Minuten köcheln lassen.
Nach dieser Zeit ist das Gemüse bereits so weich, dass es sich noch einmal mit einem Pürrierstab im Topf zerkleinern lässt. Das geht einfach schneller, erspart einem vorher viel Kleinschnibbelei und sorgt dafür, dass das Gemüse in den nächsten zehn Minuten Köcheln noch einmal alle seine Aromen an den Fond abgibt. Hier geben wir jetzt den Noilly Prat zu.

Manch einer mag sich bis dahin über die trübe Brühe gewundert haben. Aber nun wird sie wieder klar: Die Fischsuppe, die zu dem Zeitpunkt eigentlich noch gar keine ist, wird nun passiert. Dazu nehme ich ein großes Sieb und eine Schöpfkelle, gebe zwei bis drei Schöpfer in das Sieb und presse durch Reiben und Rühren alle Flüssigkeit aus dem Gemüsesud in die Schüssel darunter.
Die nun fertige Gemüsesuppe gießen Sie zurück in den Topf. Und jetzt kommen auch der Fisch und die Meeresfrüchte dazu, die daraus schließlich eine Bouillabaisse à Marsellaise machen – die Fischsuppe Marseiller Art.
Alles zusammen noch einmal zehn bis 15 Minuten auf mittlerer Hitze köcheln lassen.
Wichtig: Der Fisch wird dabei nur pochiert und somit gegart. Die Suppe darf jetzt nicht mehr kochen! Zum Schluss den Pastis rein, mit Salz und Pfeffer abschmecken – fertig.
Dazu gibt es frisch geröstete Baguette-Scheiben.

Bruschetta

Geröstetes Brot mit Tomaten

4 Scheiben Toskana-Brot
2 Tomaten
1 Bund Basilikum, grob gehackt
1 Knoblauchzehe
4 EL Olivenöl
Salz und Pfeffer aus der Mühle

Die Brotscheiben im Toaster oder Grill rösten. Die Tomaten in kleine Würfel schneiden und in einer Schüssel mit dem grob gehackten Basilikum vermischen. Salzen und pfeffern.
Die gerösteten Brotscheiben mit Knoblauch einreiben,
Tomaten-Basilikum-Mischung darauf verteilen und mit reichlich Olivenöl beträufeln.

4 Pers.

...zu glauben,
dass der Wein unmittelbar, an sich selbst,
alle die Wirkungen hervorbringt,
die wir ihm zuschreiben;
Nein: Sein Duft und Hauch erwecken nur die Qualitäten, die in uns ruhen.

Ludwig Tieck

Capra alla Antonia

1 kg Ziegenfleisch
1 Flasche Rotwein
2 Lorbeerblätter
2 Salbeiblätter
2 Rosmarinzweige
1 Peperoncino
5–6 EL Olivenöl
1 Zwiebel, fein gehackt
1 große Dose Tomaten

Das Ziegenfleisch waschen, trocken tupfen und in kleine Stücke schneiden.
Dann in eine Schüssel geben,
den ganzen Rotwein angießen und Lorbeer, Salbei, Rosmarin sowie Peperoncino zugeben.

Das Fleisch eine Nacht lang an einem kühlen Ort marinieren.
Olivenöl in einer halbhohen Kasserolle erhitzen, die fein gehackten Zwiebeln dazugeben und darin andünsten. Das Fleisch dazutun und kräftig anbraten.
Nach und nach etwas Wein aus der Marinade angießen.

Wenn der Wein verkocht ist, das Fleisch salzen und die Tomaten zugeben.
Bei geschlossenem Topf weitergaren und gelegentlich etwas kochendes, leicht gesalzenes Wasser angießen. Bei niedriger Hitze so lange köcheln,
bis das Fleisch weich und der Bratfond ziemlich dickflüssig ist.

Als Beilagen passen ein frischer Salat und Stangenbrot.

4 Pers.

Mein Tipp: Cantina fina - Bausa nero d'Avola - Terre Siciliane
siehe S. 32/33

Chianti-Sushi alla Dario

Dieses Rezept ist „original geklaut" bei Dario Ceccini.
Ein absolutes Muss für jeden, der durch den Chianti fährt, ist die Antica Macalleria in Panzano in Chianti.
Deren Patron Dario, einer der besten Metzger, die ich je kennen gelernt habe, ist ein Künstler der Fleischerzunft.
Man kommt in diese alte Metzgerei und wird mit einem Glas Wein begrüßt; auf einem Marmortisch werden verschiedene Köstlichkeiten zur Probe angeboten wie Schmalzbrote, Rosmarinbraten und Chianti-Sushi. Das Beste kommt erst, wenn man Dario näher kennen gelernt hat und er dich durch eine Geheimtür mit in sein so genanntes Wohnzimmer nimmt.

Dieses „Wohnzimmer" ist ein Restaurant mit einem superlangen Tisch und einem megagroßen Grill. Dort bewirtet er täglich seine Gäste mit Köstlichkeiten aus seiner Metzgerei: Mittags gibt es ein Gericht zu 30 €* inkl. Getränken, Kaffee und Kuchen.
Der Knaller: Wenn man möchte, kann man seinen eigenen Wein mitbringen, ohne Korkgeld zu bezahlen.
Abends gibt es nur ein Menü, das aus 14 Gängen besteht und für 50 €* geradezu geschenkt ist.
Jeder, der einmal dort ist, sollte sich dieses Menü nicht entgehen lassen. So, genug erzählt: Fahrt hin und genießt!

*Alle Preisangaben aus Anfang 2024

Zutaten und Zubereitung

500 g bestes Rindfleisch aus der Oberschale
Meersalz und frisch gemahlener Pfeffer
1 kleine getrocknete Chilischote, zerkrümelt
geriebene Schale von einer unbehandelten Orange
1 kleine Handvoll frischer Majoran
oder nicht ganz so viel frischer Oregano, abgezupft
Saft von einer Zitrone
bestes Olivenöl

Das Fleisch sollte völlig frei von Sehnen sein, andernfalls entfernen Sie diese mit einem Messer.
Das Fleisch in Scheiben schneiden und fein hacken. Nun geht es richtig zur Sache: Es wird einige Minuten so kräftig geklopft, dass es fast aussieht, als wäre es durch den Wolf gedreht worden. Ein richtiger Fleischklopfer ist dafür am besten geeignet.
Jetzt streuen wir eine großzügige Prise Salz und Pfeffer, den Chili, die Hälfte der Orangenschale und den Großteil des Majorans über das Fleisch und klopfen es nochmals eine Minute, so dass die Gewürze richtig eindringen können. Zu guter Letzt wird es weitere 30 Sekunden lang gehackt, dabei schiebt man immer wieder das Fleisch vom Rand in die Mitte und mischt auf diese Weise noch einmal alles gut durch. Bei Bedarf mit Salz oder Pfeffer nachwürzen und dann auf einer Platte servieren.
Mit dem Zitronensaft und dem Olivenöl beträufeln, mit dem Rest der Orangenschale und dem Majoran bestreuen und fertig. Dazu Toskana-Brot.

4 Pers.

Coniglio

Kaninchen in Tomaten und Kräutern

1 Kaninchen, küchenfertig
1 EL Essig
50 ml Olivenöl
2 Knoblauchzehen
150 ml trockener Weißwein
1 große Dose Tomaten
gemischte Kräuter, möglichst frisch:
Basilikum, Thymian, Majoran, Rosmarin und Peperoncino
Salz und Pfeffer aus der Mühle

Das Kaninchen in kleine Stücke zerlegen, mit Wasser und Essig übergießen und abtrocknen.
Öl in einer großen Pfanne erhitzen, die ungeschälten Knobizehen darin leicht anbräunen.

Den Knobi wieder rausnehmen und nun
bei starker Hitze die Kaninchenteile rundherum anbräunen.
Den Weißwein angießen und einkochen lassen.
Die Tomaten zufügen, salzen und pfeffern.
Zum Schluss die gehackten Kräuter zugeben.
Etwa 30 Min. köcheln lassen. Lauwarm servieren.

4 Pers. Mein Tipp Ed Flaherty- Casa Magniolo - Chile siehe S. 32/33

Crostini alla Toscana

300 g Leber (Huhn oder Pute)
2 kleine Zwiebeln
1 EL Butter
1 EL Olivenöl
3 Anchovis-Filets
1 EL Kapern
ca. ½ l Weißwein
½ l Hühnerbrühe

Zwiebeln in Öl und Butter bräunen. Leber putzen, waschen und in kleine Stücke schneiden und zu den Zwiebeln geben. Ca. ½ Std. gut durchbraten und mit Weißwein regelmäßig ablöschen.
Die Leber dann gut durchpürieren, Anchovis und Kapern dazu mit pürieren.

Anschließend zurück in die Pfanne und ca. 15 Min. köcheln lassen und je nach Konsistenz noch Weißwein oder Brühe zugeben:
Es sollte eine streichfähige Creme entstehen.
Etwas Baguette in Scheiben schneiden und rösten.
Die Crostini-Creme auf die gerösteten Scheiben geben, ein paar Tropfen Olivenöl draufgeben und fertig!

Molto divertimento!

4 Pers.

„Dekadenz"

Reibeküchlein a la Himmel und Ääd

0,6 kg Kartoffeln

1 Ei

1 große Zwiebel

20 g Mehl

Salz

n. B. Öl

Die Kartoffeln waschen, schälen und gut abgetropft reiben. Eventuell Flüssigkeit abschütten.
Die Zwiebel schälen, fein reiben und unter die Kartoffel geben, die Mischung mit Salz abschmecken.
Das Ei und das Mehl untermischen. Wenn der Teig noch zu flüssig ist, mehr Mehl zugeben.
Reichlich Öl in einer Pfanne erhitzen. Jeweils einen Esslöffel voll Teig in die Pfanne geben und die Kartoffelpuffer portionsweise von beiden Seiten goldbraun backen.
Gleichzeitig Blutwurst im Ring vom Metzer deines Vertrauens in 3 cm Taler schneiden und in der Pfanne schön nach Geschmack durchbraten. Dann einen Apfel frisch schälen und mit der Reibe grob reiben. Die Reibeküchlein abtropfen auf Küchenpapier. Dasselbe gilt für die Blutwurst und dann übereinander stapeln: Küchlein, Blutwurst und den frisch geriebenen Apfel oben drauf. Und als i -Pünktchen geben wir jetzt noch etwas Kaviar als Haube drauf. Daneben einen Spritzer des Meerrettich-Schaums. Und zum guten Schluss kommt noch eine Auster auf den Teller (am besten Belon-Austern. Wenn es keine gibt, dann halt eine Sylter oder sonst eine.)
Hier könnt Ihr auch nochmal ein Löffelchen Kaviar drauf geben.

CHAMPAGNE
LA GRANDE DAME

„Dekadenz"

Meerrettich Espuma

20 g Meerrettich, frisch gerieben

2 Pfefferbeeren, wenn ihr habt

3 g Salz

3 g Zucker, Puderzucker, Staubzucker

100 ml Sahne

etwas Limettensaft

1 Blatt Gelatine

100 ml Wasser

Außerdem benötigt man einen Sahnesyphon mit 2 Stickstoffkapseln.

Die Gelatine in kaltem Wasser einweichen.

Pfefferbeeren, Zucker und Salz in der angegebenen Menge Wasser ca. 5 Min. kochen. Den fein geriebenen Meerrettich und die Sahne hinzufügen und noch einmal kurz aufkochen lassen. Die Masse abkühlen lassen und mit etwas Limettensaft abschmecken. Die Gelatine gut ausdrücken und in der noch warmen Meerrettichsahne auflösen. Etwa 10 - 15 Min. ziehen lassen, evtl. mit einem Stabmixer kurz pürieren und dann durch ein feines Sieb passieren.

Anschließend die Meerrettichsahne in einen Sahnesyphon von 0,5 Liter Inhalt füllen und mit 1, evtl. mit einer 2. Stickstoffkapsel (N2O) den Druck aufbauen. Gut schütteln und im Kühlschrank für mind. 1 Std. kaltstellen. Dann auf die Teller, zwischen Austern und Reibeküchlein sprühen.

Ja, was trinken wir dazu? Natürlich die Grande Dame Veuve Cliqout. Lasst euch die Dekadenz schmecken - Denkt dran: Wir leben nur einmal!!!

Döppenlappes

1 kg fest kochende Kartoffeln
1 Stange Lauch
1 Bund Schnittlauch
1 Bund Petersilie
1 Knobizehe
100 ml Sahne
2 Eier
Salz, Pfeffer, Muskat
2 TL Gemüsebrühe
Butter für die Form
200 g geriebener Emmentaler

Kartoffeln schälen und in Wasser legen.
Lauch in Ringe schneiden. Kräuter und Knobi hacken.
Kartoffeln grob raspeln.
Lauch, Kräuter, Knobi und
die mit Sahne verquirlten Eier zufügen.
Mit Salz, Pfeffer, Muskat und der Gemüsebrühe abschmecken.
Kartoffelmasse in eine gebutterte Auflaufform geben.
Bei 180 Grad (Umluft) 50 Min. backen.
Dann mit Käse bestreuen und nochmals für 10 Min. in den Ofen, überkrusten, fertig.

4 Pers.

Mein Tipp

Winzerverein Deidesheim- tete a tete Cúvee feinherb Bio - Pfalz
siehe S. 32/33

Fleischbällchen

Albondigas en salsa de tomate

1 große Zwiebel
6 EL Olivenöl
0,1 l trockener Sherry Fino
2 große Dosen Tomaten
1 Lorbeerblatt
800 g Hackfleisch, gemischt
2 Knobizehen
1 Bund glatte Petersilie
2 Eier
3 EL Paniermehl
Salz, Pfeffer aus der Mühle
Paprikapulver, scharf

Zwiebel schälen und fein hacken. 2 EL Olivenöl in einem Topf erhitzen und die Zwiebel darin bei schwacher Hitze weich dünsten. Mit Sherry ablöschen.
Inzwischen die Tomaten in den Topf geben und pürieren, das Lorbeerblatt mit einlegen, etwas Fleischbrühe zugießen, langsam aufkochen und zugedeckt etwa 30 Min. köcheln lassen.
Das Hackfleisch in eine Schüssel füllen. Knoblauch dazupressen, die Blattpetersilie fein hacken und die Hälfte davon mit den Eiern und dem Paniermehl dazugeben.
Alles gut durchmischen und mit Salz, Peffer und Paprikapulver kräftig würzen.
Aus dem Fleischteig mit angefeuchteten Händen etwa walnuss-große Bällchen formen.
Das restliche Olivenöl in einer Pfanne erhitzen und die Hackfleischbällchen darin bei mittlerer Hitze rundum braun braten.
Die Tomatensauce mit Salz, Pfeffer und Paprikapulver reichlich würzen.
Die Fleischbällchen in die Sauce geben und weitere 10 Min. bei schwacher Hitze ziehen lassen.
Die restliche Petersilie reinstreuen und mit Weißbrot servieren.

4 Pers. Mein Tipp Bodegas Casado - Tinto Joven - Rioja siehe S. 32/33

Mein Tipp

Die Weine auf den Seiten 11-31

Seite 11 Marco Bonfante -Nebbiolo „Imma“ Langhe DOC

Imma, ein Wein aus dem Piemont, der wunderbar zum Lamm passt, wie ich finde. Für die Nebbiolo-Traube typisch das kräftige Rubinrot. In der Nase eine Fruchtvielfalt, die sich am Gaumen widerspiegelt. Im Mund ist er trocken, fein-fruchtig, sehr delikat mit Aromen von Sauerkirsch, Pflaume, Veilchen und Gewürzen.

Seite 14 Nicolas Millet - Sancerre rouge

Was passt wohl besser zu einem Boeuf Bourguignon als ein Pinot Noir?

Der Sancerre rouge von Nicolas Millet begeistert hier schon sehr. Weiche Tannine, feine Frucht, Kirsch-, Brombeer- und Mirabellenaromen - ein typischer Pinot Noir, der hier unserem Boeuf schmeicheln soll. Á votre santé!

Seite 13 Chardonnay Garda DOC

Dieser reinsortige Chardonnay ist einer meiner Lieblinge Italiens: Leuchtend strohgelb im Glas spiegelt er die Luft des Gardasees wider.

In der Nase ein frischer Duft von grünem Apfel und Aprikose, aber auch von zarten Noten von Haselnüssen u. Mandeln.

Chardonnay geht immer.

Seite 16 Poul Crochot - Petit Chablis

Zur Bouillabaisse ist natürlich ein Chablis eine Bank. Chablis präsentieren sich mit einer klaren und hellen goldenen Farbe. Am Gaumen entfalten sich Noten von Zitrusfrüchten auf einer mineralischen Basis. Manchmal entdeckt man auch Pfirsich am Gaumen mit einer leicht ausgewogenen Säure, die sich mit der Jodierung der Meeresfrüchte ausgezeichnet paart.

Das macht Spaß!

Johannes Wattler vom Chile Wein Contor GmbH / Wattlers Weinwelt hat mich bei der Auswahl der Weinempfehlungen hervorragend beraten und mir dabei Gelegenheit gegeben,

Seite 20 Cantina Fina Bausa nero d´Avola

Von Siziliens Sonne verwöhnte Weine. Der Bausa passend zu der Ziege wie der kräftig rubinrote Wein. In der Nase Brombeere, Heidelbeere & Amarenakirsche, die das Gericht der Ziege abrunden. Ich würde den Wein leicht kühlen, denn warm wird er von allein und man merkt, wie die Aromen sich mehr und mehr entfalten. Viel Spaß

Seite 30 Winzerverein Deidesheim- tete a tete Cúvee feinherb Bio - Pfalz

Die Cuvée aus den zwei Bukettsorten Riesling und Gewürztraminer ergibt ein gelungenes Zusammenspiel aus fruchtigen Aromen, würzigen Noten, erfrischender Säure und einem Hauch Süße.

Seite 24 Ed Flaherrty Casa Magniolo -Chile

Zum Coniglio passt dieser Wein hervor-ragend: dunkle Pflaumen und rote Kirsch-aromen in Kombination mit Lakritz und getrocknetem Pfirsisch. Angenehme Noten von Veilchen, Lavendel, Sauerkirsch, Pfefferminz und Vanille verleihen ihm die gewollte Tiefe. Was soll ich da noch Gewürze ans Fleisch geben? Im Wein ist alles drin!

Seite 31 Jaun de Alzate Joven Rioja DOCa

Den Einstieg in die spanische Reifepyramide macht der „Joven"- der Jungwein. Er kommt meist ohne Fassausbau aus und fließt in kräftigem Purpurrot ins Glas. In der Nase laden rotbeerige Aromen von Erdbeere, Waldfrüchten und Sauerkirsche zum Genießen ein. Im Mund sehr saftig mit toller Fruchtfülle und für seine Jugend erstaunlichem Körper. Dezentes Tannin, welches ihn zu einem erwachsenen Allrounder macht.

sein außerordentlich umfangreiches Angebot an exzellenten Weinen aus aller Welt kennen lernen und genießen zu dürfen.

Florenz

Heute wollen wir uns Florenz ansehen, obwohl man Firenze, wie es auf italienisch heißt, bestimmt nicht an einem Tag schaffen kann. Florenz ist eine sehr bunte Stadt mit ungefähr einer halben Million Einwohner. Es liegt an den Ufern des Arno zwischen dem Tyrrhenischen und dem Adriatischen Meer, fast im Zentrum der italienischen Halbinsel. Die lebhafte Stadt wird geprägt von den vielen Studenten, Märkten, Touristen, kleinen Gassen mit zahlreichen Restaurants, Geschäften und jeder Menge Eissalons (echt lecker). Nicht zu vergessen die täglichen Marktstände und der Mercato Central. Da bleibt kein Auge trocken bei den Schlemmereien, die hier angeboten werden.

Ein schönes Treiben durch die Verkaufsstände, ein Tumult von Marktschreiern, die ihre Ware feilbieten. Unter der Herrschaft der Medici, der späteren Großherzöge von Toskana, erlebt Florenz seine eigentliche Glanzzeit.

Florenz wurde maßgeblich von den Medici geprägt. In diesem Zeitabschnitt nimmt die Stadt eine führende Rolle ein, sowohl in Kunst und Kultur als auch in Politik und als Wirtschaftsmacht.

Florenz, die Stadt am Arno mit seinem Ponte Vecchio, dem Palazzo Pitti, dem Domo, den Uffizien und vielen Sehenswürdigkeiten mehr, die wir im Laufe unseres Rundgangs erwähnen werden.

Unser erstes Ziel sind die Uffizien (die Ämter). Hier haben die Medici Kunst vom Feinsten zusammen getragen. Die Uffizien, gebaut von Georgio Vasari im Auftrag Cosimo I. , waren ursprünglich für Ämter bestimmt. Francesco I. begann 1581 mit der Umstrukturierung des Bauwerks zur Galerie.

Die Uffizien sind somit eines der ältesten Museen der Welt. Die chronologisch angeordnete Gemälde-sammlung mit 1.000 Meisterwerken in 45 Schauräumen umfasst den Zeitraum vom 13.-18. Jh. mit Meistern wie z. B. Giotto, Raffael, Uccello, Botticelli, da Vinci, Michelangelo und Tizian sowie Rembrandt, Goya, Altendorfer, Cranach, Dürer, Holbein.

Borgo

Heute kann man die Uffizien und den Corridoio Vasariano (den Geheimgang zwischen Palazzo Pitti und dem Palazzo Vecchio) in einer Sonderführung besichtigen. Das sollte man vor Reiseantritt online buchen, dann kann man bequem an der Warteschlange vorbei und die Führung geht los.

Weiter geht's! Wir durchstreifen den Palazzo Vecchio (Rathaus). Er beherrscht mit seinem hohen Turm die Piazza della Signorina. Erbaut wurde er um 1300.

Von 1300 bis ca. 1540 hatte der Palazzo einen burgartigen Charakter. Cosimo I. ließ den Palazzo umbauen, so wie wir ihn heute bewundern können.

Die Piazza della Signorina ist ein sehr schöner Platz, der zum Verweilen einlädt mit der Loggia di Lanzi. Hier ist die Kopie des „Raubs der Sabinerinnen“ untergebracht, mitten auf dem Platz sitzt stolz Cosimo di Medici auf dem Ross, und neben dem Palazzo sind Gott Neptun auf dem Brunnen Ammanatis, Michelangelos David und der Herkules von Bandinelli.

Von hier aus laufen wir an Cosimo I. vorbei Richtung via del Proconsolo

Nach ca. 100 m links in die via Dante am Dante-Haus vorbei, dann wieder rechts an Eisdielen, Geschäften und Fressbuden vorbei und schon ist man am Duomo angekommen, dem viertgrößten Gotteshaus des Abendlandes.

Arnolfo di Cambio (sehr wahrscheinlich der Erfinder der Wechselstuben, haha) begann das gigantische Werk im Jahre 1296, geweiht wurde der Dom 1436.

Die Kuppel - ein technisches Wunder - vollendete Brunelleschi.

Der freistehende Glockenturm wird Italiens schönster Campanile genannt.

Das Battistero, der oktogonale Kuppelbau, ist dem hl. Johannes, dem florentinischen Schutzpatron geweiht. Hier wurde Dante schon getauft, und bis ins 19.Jh. wurden alle Neugeborenen hier getauft. Das Baptisterium ist wohl das schönste Bauwerk der Romanik der Toscana.

Das vergoldete Nordportal, die so genannte "Paradiestür", wurde in 28 Jahren geschaffen. Auf dem Portal sind Szenen des Alten Testaments nachgebildet.

Wenn wir dort rauskommen, wird es höchste Zeit, etwas Flüssiges und etwas Festes zu uns zu nehmen. Also auf zum Mercato Central. Dort gibt es reichlich Leckereien, die man sofort zu sich nehmen kann, oder an der Piazza Mercato Centrale in der Trattoria Za Za (einfach und gut) leckeren Chianti und etwas Pasta - und schon ist die Seele gerettet.
Aber Vorsicht!! Hier an der Piazza treiben sich Taschendiebe und Bettler herum.

Am Baptisterium in Richtung San Lorenzo an den ganzen Ständen vorbei schlendern und schnell noch ein Mitbringsel einkaufen für die Lieben zuhause. Dann über die Via dell`Ariento (aufgepasst: hinter denn Ständen sind die Eingänge in den Mercato) und auf der Rückseite ist die Piazza.
Guten Appetit!!!

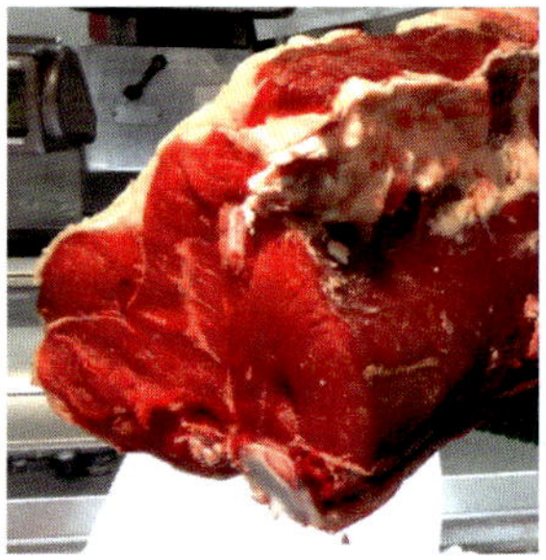
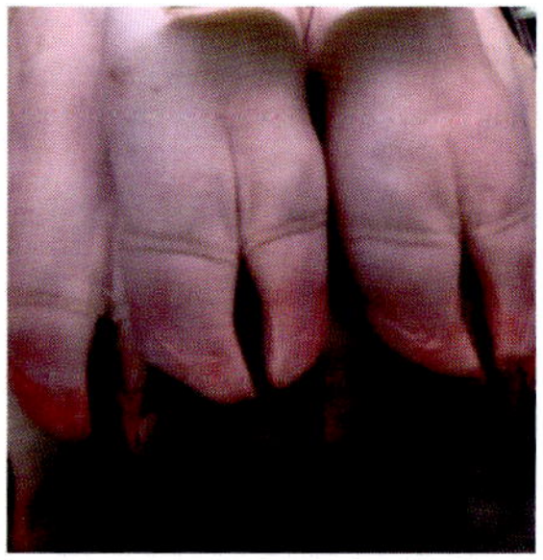

Frittierte Salbeiblätter

1 Bund große Salbeiblätter
1 Ei
50 g Mehl
3 Sardellen
100 ml Weißwein
6 EL Olivenöl

Ei, Mehl, Wein und die klein gehackten Sardellen miteinander verrühren.
Salbeiblätter putzen, Öl in einer Pfanne erhitzen.
Die Blätter durch die Sauce ziehen und im heißen Olivenöl frittieren – fertig!

4 Pers.

Mein Tipp

San Sidoine Provence Rosé siehe S. 52/53

Frutti di Mare

500 g Tintenfisch, frisch am Stück
150 g Gambas 31/40
400 g Muscheln (Venusmuscheln und Miesmuscheln)
2 Zitronen
1 Bund Blattpetersilie
1 Knobizehe
5 EL Olivenöl
Salz und Pfeffer aus der Mühle

Tintenfisch mit kaltem Wasser waschen, Wasser mit dem Saft einer halben Zitrone und 1½ TL Salz in einem Topf aufkochen. Den geputzten Tintenfisch hineingeben, ½ Std. weichköcheln lassen, abgießen und abtropfen lassen.
Die Muscheln und Gambas auch ca. 10 Min. in Wasser aufkochen, danach aus der Schale pulen. Den Tintenfisch in Arme und Körper zerteilen. Im Körper ist ein so genanntes Auge, das Beißwerkzeug; dieses muss man herausdrücken. Dann den Körper in feine Ringe und die Arme in ca. 4 cm lange Stücke schneiden.
In einer Schale drücken wir nun die restliche Zitrone aus, geben das Olivenöl dazu und pflücken das Bund Petersilie auseinander. Hinzu kommen die Gambas, das Muschelfleisch und der Tintenfisch.
Salzen und pfeffern Sie das Ganze gut - und fertig ist der Zauber.
Für Leute, die es gern scharf haben:
1–2 kleine rote Peperoncini hauchdünn geschnitten (aber die Kerne entfernen) mit hineingeben.

4 Pers.

Mein Tipp Bodegas Carelli - Torrontes - Argentinien siehe S. 52/53

Gänsebrust im Wirsingblatt

ganzer Wirsing
Gänsebrust, geräuchert, in Scheiben
1 TL Schmalz
20 g durchwachsener Speck
50 g Pflaumenmus
1 Schuss Beerenauslese-Essig
1 EL Frischkäse
2 cl Grand Marnier
Salz und Pfeffer aus der Mühle

Wirsingblätter in Salzwasser dünsten,
in der Pfanne etwas Speck mit Schmalz erhitzen und die Wirsingblätter kurz darin schwenken,
in einem kleinen Topf Pflaumenmus,
Beerenauslese-Essig, Frischkäse
und Grand Marnier erhitzen.

Die Wirsingblätter mit der
Gänsebrust zusammenwickeln,
auf einem Teller anrichten
und die Vinaigrette darüber geben.

4 Pers.

Mein Tipp

Weingut Hemer Gewürztraminer trocken Rheinhessen
siehe S. 52/53

Gefüllte Champignons

250 g Hüttenkäse
8 große Champignons
1 Bund Schnittlauch
1 Bund Petersilie
1 Zitrone
2 EL Olivenöl
50 g Parmesan
Pfeffer und Salz

Den Hüttenkäse in eine Schüssel geben,
salzen und pfeffern, Petersilie und Schnittlauch
klein schneiden und mit in die Schüssel geben.
Mit dem Zitronensaft und dem Olivenöl gut durchmischen
und dann in die ausgehöhlten Champignons füllen.

Die gefüllten Champignons auf ein Blech legen
und mit Parmesan bestreuen.
Dann nur noch
ca. 20 Minuten bei 150 Grad in den Umluftherd.

4 Pers.

Mein Tipp Canto Grande Merlot Chile siehe S. 52/53

Gemüsesuppe mit Nudeln, italienisch

2 mittelgroße Möhren
¼ Weißkohl
2 Salsicce oder Mettwürstchen
2 Hühnerlebern
60 g Butter
1 kleine Dose Tomaten
1 l Fleischbrühe
300 g Schneckennudeln
100 g Parmesan, gerieben
Salz und Pfeffer aus der Mühle

Möhren in kleine Würfel,
Weißkohl in Scheiben schneiden.
Salsicce (Mettwurst) aus der Haut drücken und grob zerkleinern, Hühnerleber klein schneiden.
Alles zusammen in Butter anbraten,
dann gewürfelte Tomaten
zugeben und bei geringer Hitze köcheln lassen,
bis die Sauce eingedickt ist.
Fleischbrühe zugeben
und mit Salz und Pfeffer abschmecken.
Schneckennudeln in die Suppe geben
und al dente kochen.
Vor dem Servieren mit Parmesan bestreuen.

4 Pers.

Mein Tipp Cantina Fina - Grillo Kebrilla - Sizilien siehe S. 52/53

Himmel und Ääd - mal anders

Ein rheinisches Lieblingsgericht von mir, das ich mal anders gemacht habe.
Das kommt häufig dann zum Einsatz, wenn es schnell und trotzdem lecker sein soll. Oder wenn ich einen knackigen Riesling im Haus habe, der eine ideale kulinarische Begleitung braucht.
Dieses Lieblingsgericht ist ein Flammkuchen mit Blutwurst, Zwiebeln, Äpfeln und Honigsenf.

1 Packung Flammkuchenteig
1 Ring Blutwurst in Scheiben geschnitten
150 g Frischkäse
4 EL Sahne
2 EL Schnittlauch, feine Ringe
1 Apfel Jonagold o.ä. geschält, entkernt und in kleine Spalten geschnitten
3 kleine Zwiebeln, mit dem Hobel in hauchfeine Ringe geschnitten
4 EL Honigsenf
Schwarzer Pfeffer aus der Mühle
Salz

Den Frischkäse, Honigsenf und die Sahne in einer Schüssel verrühren, bis die Masse cremig wird. Salzen, pfeffern und den Schnittlauch zugeben. Den auf einem Blech ausgerollten Flammkuchenteig gleichmäßig mit der Käsecrème bestreichen. Jetzt mit den Zwiebeln belegen, die Blutwurst verteilen und zuletzt die Apfelspalten dazwischen schieben.
Das köstliche Blech dann auf der mittleren Schiene in den auf 220 Grad vorgeheizten Backofen schieben und 17 Minuten backen.
Öffnet man den Backofen, ist man durch die Düfte ganz schnell in himmlischen Gefilden.
Das Blech ist im Nu leergeputzt, und die Gäste pendeln, selig lächelnd,
irgendwo zwischen Himmel und Ääd.

4 Pers. Mein Tipp Markus Molitor Riesling - Mosel, Deutschland siehe S. 52/53

Kaninchenleber in Sherrysauce

500 g Kaninchenleber
4 EL Olivenöl
2 TL Mehl
200–300 ml Sherry Fino oder Medium
150 ml Brühe
1 Lorbeerblatt
100 g entkernte Oliven
Salz und Pfeffer aus der Mühle

Leber putzen und waschen, in mundgerechte Stücke schneiden,
zwei EL Öl in die Pfanne geben und erhitzen, die Leber kräftig anbraten,
mit Salz und Pfeffer würzen.
Das restliche Öl zugeben, die Leber etwas mit Mehl bestäuben.

Mit Sherry und Brühe aufgießen.
Das Lorbeerblatt dazugeben und die Sauce etwa 5 Min. offen köcheln lassen.
Mit Salz und Pfeffer würzen, das Lorbeerblatt herausnehmen,
die Oliven längs halbieren
und mit der Leber in der Sauce
nochmals etwa 8 Min.
bei milder Hitze erwärmen - fertig!
Mit Stangenbrot servieren.

4 Pers.

Mein Tipp

Montepulciano dÁbruzzo DOC Piane di Maggio
siehe S. 52/53

Lammkoteletts, spanisch

16 Lammkoteletts
1 große Zwiebel
6 Knoblauchzehen
3 EL Olivenöl
1 kleine Dose Tomaten
1 Peperoncino
¼ l Weißwein
¼ l Wasser

Die Koteletts mit Salz und Pfeffer aus der Mühle würzen,
Knobi mit Schale in Olivenöl braten, dann herausnehmen und die Zwiebel in Würfel geschnitten ins Öl geben und braun werden lassen.
Die Lammkoteletts zugeben und gut anbraten, mit dem Weißwein und Wasser ablöschen, Tomaten, Peperoncino und Lorbeerblatt dazu und ca. 20 Minuten einkochen lassen.
Mit Stangenbrot servieren.

4 Pers. | Mein Tipp | Cantabria – Almirez – Spanien Toro siehe S. 52/53

Lammspieße mit Kräutern

3 EL Weißweinessig
3 zerdrückte Knoblauchzehen
3 EL frisch gehackte Pfefferminze
3 EL frisch gehackter Rosmarin
1 EL frische Oreganoblätter oder
1 TL getrockneter Oregano
6 EL Olivenöl
900 g Lammfleisch ohne Knochen, in mundgerechte Würfel geschnitten
6 klein geschnittene Scheiben Weißbrot
Salz, Pfeffer aus der Mühle

In einer Schüssel Essig, Knoblauch, Kräuter, Öl, Salz und Pfeffer gut verrühren.
Lammstücke dazugeben und vermischen.
Zudecken und circa 6 Std. an einem kühlen Platz marinieren lassen,
dabei das Fleisch ab und zu wenden.

Fleischstücke abwechselnd mit Brotstücken auf einen Spieß stecken und dabei zusammendrücken, so dass sie beim Backen nicht zu sehr austrocknen. Die Spieße entweder im Ofen oder auf offener Flamme auf dem Rost grillen, die Fleischstücke ab und zu mit der Marinade beträufeln. Auf einem Teller anrichten und servieren.

4 Pers.

Mein Tipp Bodegas Casado Tempranillo Polus Rioja siehe S. 52/53

Mein Tipp

Die Weine auf den Seiten 42 - 51

Seite 42 San Sidoine Provence Rosé

Ich liebe Côtes de Provence Rosé Weine - diese Frische, dieses zarte Lachsrosa spiegelt die Landschaft der Provence wider.
Unter Akazien sitzen und den Zikaden zuhören, die Nase ins Glas stecken und die fein-fruchtige Brillanz wahrnehmen. Und als Snack die frittierten Salbeiblätter genießen - genau das ist Leben!

Seite 43 Bodega Carelli Torrontes 34

In der Farbe ein helles Gelb mit grünen Nuancen. In der Nase präsentiert er sich mit frischem und fruchtigem Charakter. Das Aroma erinnert an Jasmin & Wildrosen, gepaart mit etwas exotischer Frucht.
Im Mund hält er, was er in der Nase verspricht, und zeigt sich frisch & fruchtig.
Absoluter Begleiter für Frutti di Mare.

Seite 44 Weingut Hemer Gewürztraminer trocken

Der Gewürztraminer duftet verführerisch nach alten englischen Rosen und blühender Sommerwiese. Mit seinem langen Nachhall am Gaumen und seiner geschmeidigen Art regt er immer wieder zum Nachtrinken an. Zum Wohl!

Seite 45 Canto Grande Merlot - Chile

Rotwein von tiefroter Farbe. Im Glas reife Pflaumen und süße Gewürze an der Nase. Am Gaumen klingen Kaffee, Schokolade und rauchige Noten an. Sanft, rund, mit reifen Tanninen und angenehmem Nachgang. Lecker süffig.

Seite 46 „Kebrilla“ Grillo Sicilia DOC BIO

Im Glas zeigt sich der Grillo intensiv zitro-nengelb mit goldgelben Reflexen. In der Nase sehr aromatisch mit Aromen von weißem Pfirsich, Mirabelle, Birnenmus, reifer Banane, sowie Anklängen von Gewürznelke und Vanilleschote. Eine Fruchtbombe!

Johannes Wattler vom Chile Wein Contor GmbH / Wattlers Weinwelt hat mich bei der Auswahl der Weinempfehlungen hervorragend beraten und mir dabei Gelegenheit gegeben,

Seite 47 Markus Molitor Riesling Haus Klosterberg

„Typisch Riesling“. In der Nase Aprikose & weißer Pfirsich. Am Gaumen überraschend dicht und aromaintensiv. Relativ milder Riesling, der seine mineralischen Finessen erst im Nachklang deutlich zum Vorschein bringt.

Seite 48 Montepulciano dÁbruzzo DOC Piane di Maggio

Rubinroter Montepulciano mit merklichem Violettanteil. In der Nase Aromen von schwarzen und roten Früchten zu erkennen. Brombeere, Himbeere, rote Pflaume und Schwarzkirsche. Im Mund trocken, sehr saftig mit fruchtgeprägtem Charakter, mittlerem Körper und genau der richtigen Länge.

Ein Montepulciano, der einen daran erinnert, warum diese Weine einst die Massen eroberten. Unkompliziertes Trinkvergnügen, kleiner Preis

Seite 50 Cantabria – Almirez – Spanien Toro

Majestätisch fließt der Almirez mit einer rubinroten Farbe und violetten Reflexen ins Glas. Das Bouquet strotzt von reifen, roten Früchten, edlen Gewürzen, auch Teer, Bitterschokolade und Holunder, subtil im Hintergrund findet sich eine feine Holznote. Am Gaumen noch etwas wild, mit dem typischen Toro-Feuer, vollmundig, mit präsenten Tanninen.

Seite 51 Polus Tempranillo Rioja DOCa

Für den Lammspieß sind wir mit dem Polus und seinen leckeren Tempranillotrauben gut bedient. Die kleinen Beeren ergeben einen tifen, rubinroten Wein. Besonders ist auch die Fermentation im offenen Barrique, die dem Wein eine Nase von reifen Früchten, Pflaumenkompott, Zwetschge, Lakritz, Dörrobst, Rumtopf gibt.

Im Geschmack mit vordergründiger Fruchtfülle, sehr schmeichelnd, samtig. Ein Highlight, von dem es jährlich nur ca. 8.500 Flaschen gibt.

sein außerordentlich umfangreiches Angebot an exzellenten Weinen aus aller Welt kennen lernen und genießen zu dürfen.

Geführte Reisen nach Italien

Da ich schon unzählige Male in Italien war, hatte ich die Idee, geführte Reisen anzubieten. So machte ich mir Gedanken, wie es funktionieren könnte. Was zeigt man den Leuten? Die Klassiker? Nein! dachte ich. Nein, es muss was sein, wo nicht jeder Touri hinkommt. Es müssen Erlebnisse sein, die hängen bleiben. So war die erste Überlegung: wo geht es hin? Da ich schon das ein oder andere Mal in Ligurien war, dachte ich: Portofino, wo die Schönen und Reichen sich die Klinke in die Hand geben. Nun musste ich bezahlbare Unterkünfte suchen, die ich auch schnell fand in Rapallo.

Hier hatte ich das Hotel Astoria und Riviera direkt an der Standpromenade gefunden und die Zimmer waren durchaus bezahlbar. Ich dachte: zwei Nächte reichen, um einen Eindruck von dieser schönen Ecke zu bekommen.

Als „Die Dekadenz-Tour“ sollte es bald los gehen für Leute, die nicht mit abgezähltem Geld fahren.

Das Programm für Portofino hieß „alles geht - nix muss“.

Rapallo ist ein schönes kleines Städtchen mit einer großartigen Promenade, von wo man auch in die kleinen Gassen der Stadt gelangt. Hier gibt es unzählige Bars, Läden und Lokale, wo man typische Ligurische Küche bekommt.

Am Morgen hat man die Wahl, im Hotel ein internationales Frühstück einzunehmen oder man geht in die Stadt in eine der Bars, um dort einen

originalen Espresso und ein Cornetto solo oder con Crema zu nehmen.

Das Treiben am Morgen in den Bars ist toll: Ein Gewirre und Gequatsche und alles im Stehen an der Bar. Es ist eine ganz andere Welt - ein Kommen und Gehen, jeder trinkt auf dem Weg zur Arbeit seinen Cafe und zieht nach einem kleinen Plausch weiter.

Unser fester Treffpunkt für alle ist dann um 11 Uhr, nachdem auch der letzte aus dem Bett gefallen ist, die Enoteca Cantine D'Italia. Hier begrüßen wir den Tag mit einem Prosecco.

Fausto, Rita und die Tante schmeißen die Enoteca. Hier gammelt man schön herum, beobachtet die vorbeiziehenden Menschen, man trinkt noch was Wein oder Prosecco. Zu jeder Flasche gibt es immer ein Holzbrett mit verschiedenen Tapas.

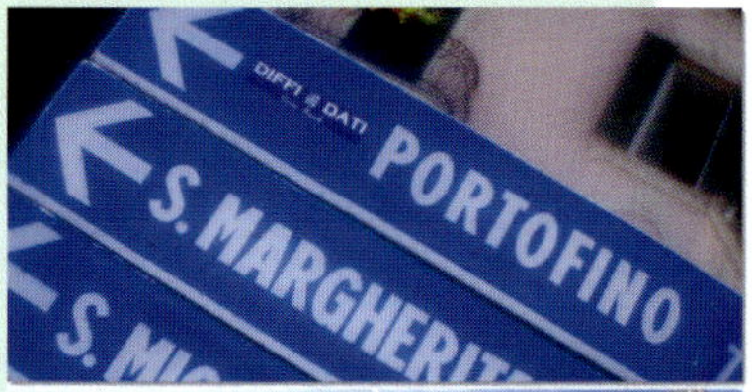

So haben wir das Mittagessen schon gespart. Um 17 Uhr fahren wir dann die 9 Kilometer lange Küstenstraße nach Portofino. Entlang an den mondänen Hotels wie Excelsior Palace, Imperial Palace, Continental Hotel, Metropole und nicht zu vergessen das Splendido. Diese Häuser haben eine lange Tradition.

Hier gehen Stars, Sternchen sowie gekrönte Häupter ein und aus.

An Santa Margherita vorbei. Auch hier spürt man den Jetset schon von Weitem. Unzählige Bars und Restaurants an der Strandpromenade und im Hafen. Wir fahren weiter die Küstenstraße entlang mit Blick auf das stahlblaue Meer. Die enge Straße windet sich um die Berge, die steil abfallen ins Meer. Portofino ist endlich erreicht. Wir fahren direkt ins einzige Parkhaus, das es hier gibt. Eine andere Parkmöglichkeit existiert nicht für 5€* die Stunde. Wir steuern die Jollybar an. Hier sitzt man direkt am Wasser.

Um 17:30 Uhr verlässt das letzte Touri-Boot die Bucht, dann wird es ruhig hier und der Jetset ist fast für sich - aber wir sind noch da! Im Hafen liegen ein paar fette Boote und vor der Bucht Yachten, für die wir wohl 10 Leben bräuchten, um uns sowas zu kaufen. Wir lassen hier die Seele baumeln und genießen die Ruhe bei ein paar leckeren Getränken.

*Preisangaben von Anfang 2024

Unser letzter Stop ist in Rapallo um ca. 20 Uhr zum Essen bei Monique: authentische Ligurische Küche und leckere Weine.

Toskana

Im Jahr 2001 lernte ich Cosimo Gericke kennen. Auf einem meiner Streifzüge durchs Chianti Classico war ich unterwegs von Panzano in Richtung Badia a Passingano über eine Schotterpiste querbeet. Da bin ich an einer Weggabelung auf ein Holzschild aufmerksam geworden, auf dem stand „Cantinetta di Rignana". Na dann nix wie hin, mal schauen, was da zu finden ist. Nach einem knappen Kilometer über einer extreme Huckelpiste (nix für tiefergelegte Autos) ein eher unscheinbares Gebäude, das nicht erkennen lässt, dass sich hier ein Restaurant befindet. Wir sind dann ausgestiegen und haben uns mal alles näher angeschaut. Es war wohl mal eine Ölmühle.

Das Restaurant hatte geöffnet und wir wurden sehr freundlich empfangen Wir bestellten Wein und Wasser. Der Wein war von hier aus der Lage. Der Kellner erzählte uns, dass 100 Meter weiter unten eine Fattoria wäre - dort komme der Wein her. Plan war, nach dem Essen dort auch mal „Tach" zu sagen, wir hatten nur ein paar Antipasti misti gegessen unter der überdachten Außenterrasse mit Fernblick in die Landschaft des Chiantis. Wir haben uns verabschiedet und gesagt, dass wir die Tage wiederkommen. So schlenderten wir den Hang abwärts bis zur Fattoria, die sehr versteckt lag und auch unscheinbar wirkte. Hier standen alle Türen und Tore offen und wir betraten die Fattoria.

Da ist alles so verschachtelt... Auf einmal stehen wir in der Küche. WOW!!!, die ist bestimmt mehrere hundert Jahre alt. Eine Frau, die dort drin arbeitete, sprach ich an. Sie holte daraufhin den Hausherrn Cosimo. Er sprach Deutsch. Seine Ur-Großeltern waren Deutsche, meinte er. Wir gingen mit Ihm ein wenig umher und zum Schluss haben wir noch eine kleine Weinprobe gemacht. Er meinte, wir sollen gerne wieder kommen beim nächsten Mal habe er bestimmt mehr Zeit. Ich war tatsächlich immer wieder mal bei Cosimo zu Besuch und habe auch bei ihm übernachtet. Die Unterkunft ist ein Traum so kam die Idee mit der Gruppe hier zu übernachten.

So! Die Tour steht soweit und für Ligurien steht auch das Programm.

Wir brechen morgens beizeiten auf und fahren von Rapallo Richtung Toskana über die Auto Strada nach Firenze ca. 2,5 Stunden. Im Vorfeld habe ich mich erkundigt, wo an dem Tag Markt ist. Dort werden wir einfallen, um unseren Kühlschrank mit Köstlichkeiten zu füllen: Käse, Schinken, Oliven, leckeres Brot... und an der Rosteria wird was mitgenommen, das gleich verzehrt wird. Die anderen Sachen sind für den kleinen Hunger zwischendurch.

Ja dann auf, die Fattoria entdecken. Angekommen bezieht erst mal jeder sein Zimmer. Wir werden die Villa allein bewohnen und werden den ersten Tag hier verbringen. Nachdem sich jeder eingerichtet hat, findet eine Begrüßung auf der Terrasse statt. Wir lassen es gemütlich angehen mit Prosecco und Tapas.

Jeder schaut sich um auf der Fattoria.

Am Abend ist ein Tisch in der Cantinetta reserviert, wo wir gemeinsam hochlaufen und uns dort vom Feinsten bewirten lassen. Auch hier halten wir es so „alles kann - nix muss."

Am nächsten Morgen trinken wir nur einen Kaffee im Innenhof der Villa. Die Sonne strahlt schon. Wir wollen nach Volpaia in die Uzzi Bar. Man sitzt auf der Piazza und hört dem Trällern der Nonna zu, die lauthals aus der Küche singt. Hier lassen wir uns verwöhnen mit frisch gepresstem Orangensaft, Prosecco, Bruschetta, leckerem Schinken, Mortadella usw..

Einfach mal die Seele baumeln lassen und die Umgebung genießen. Es geht weiter, aber nicht über Huckelpisten: wir fahren runter nach Radda in Chianti - ein sehr schöner kleiner Ort, den man in einer halben Stunde durchlaufen hat. Weiter fahren wir nach Castellina in Chianti. Hier ist schon etwas mehr zu sehen. Jeder kann in Ruhe stöbern gehen. Treffpunkt ist die Bar Italia - von hier aus lässt sich gut das Treiben auf der Straße beobachten. Von hier aus treten wir den Rückweg an über San Donato in Poggio zum Kloster Badia di Passignano. Hier kurzer Stopp, um einen Tisch für den Abend zu bestellen in der Ristoro L'Antica Scuderia, was so viel heißt wie „Pferdestall", hier wollen wir mal lecker speisen.

Am nächsten Morgen um 8 Uhr geht es nach San Gimignano, um den vielen Touristen zuvor zu kommen und noch einen Parkplatz oben am Ort zu bekommen.

So können wir in aller Ruhe in einer der unzähligen Bars erstmal Kaffee trinken, bevor wir den Ort unsicher machen. Als wir San Gimignano verlassen, ist der Ort mittlerweile völlig überlaufen und wir sind froh, alles entspannt gesehen zu haben. Wir fahren über Nebenstraßen nach Certaldo. Dort wurde Giovanni Boccaccio (Schriftsteller. Sein Meisterwerk: Das Decamerone) geboren und am 21.12.1375 begraben. Vorbei an Certaldo Alto in Richtung Marcialla über Tavarnelle Val di Pesa zurück nach Rignana. Hier lassen wir den Tag ausklingen. Morgen geht es nach Panzano. Dort ist Weinfest Vino al Vino. Da dürfen wir nicht fehlen. Aber zuerst stärken wir uns in der Officina bei Dario und dann ab ins Getümmel, um leckere Weine zu probieren.

Der Morgen danach! Das ist unser letzter Tag und den kann jeder gestalten, wie er möchte.
Ich denke, der eine oder andere möchte was ausruhen vom gestrigen Tag.
Am Abend Abschiedsessen in der Cantinetta. Noch mal die Tage Revue passieren lassen und die schöne Zeit in den Rucksack stecken.

Lauch-Käse-Suppe

(der Party-Knaller)

750 g gewürztes Gehacktes
6 Stangen Lauch
2 mittelgroße Zwiebeln
500 g Sahne-Schmelzkäse
2 l Fleischbrühe
Salz, Pfeffer u. Brühwürfel

Gehacktes mit der klein geschnittenen Zwiebel anbraten, den ebenso klein geschnittenen Lauch hinzugeben und mit andünsten.

Das Ganze mit der Fleischbrühe aufgießen, Schmelzkäse und Brühwürfel dazu, zum Kochen bringen und mit Salz und Pfeffer abschmecken.
Kochzeit: ca. 10–15 Min., dabei mehrmals umrühren.

4 Pers.

Mein Tipp

Weingut Johanninger Bio-Scheurebe – Fräulein Scheu - Rheinhessen siehe S. 78/79

Melanzane alla Menta

Auberginen mit Minze

5 lange Auberginen
Öl zum Braten
Salz
4 EL Olivenöl
2 Knobizehen, gehackt
10 Minzeblätter, gehackt
Essig
4 EL Semmelbrösel

Die Auberginen waschen und der Länge nach vierteln, ein wenig Fruchtfleisch entfernen und dann in etwa 1 cm dicke Stäbchen schneiden. In reichlich Öl braten, abtropfen lassen und leicht salzen. Das Olivenöl mit dem Knobi und den Minzeblättern in einer flachen Schüssel vermischen. Nach einigen Minuten die Auberginen dazulegen, mit etwas Essig beträufeln, gut durchmischen. Die Semmelbrösel zugeben und einige Stunden ziehen lassen. Kalt servieren.

Mein Tipp Primitivo die Manduria DOP „Zolla“ siehe S. 78/79

Paella

16/20er Garnelen
500 g Miesmuschel(n) mit Schale
1 kg Meeresfrüchte, gemischt
(Krabben, Muscheln, Tintenfisch etc.)
1 Suppenhuhn
4 Paprikaschoten, rote, frisch
6 Zwiebeln
8 Knoblauchzehen
1 Kg Arroz Bomba Paellareis
8 EL Tomatenmark
200 g Erbsen
1 ½ Liter Hühnerbrühe
500 ml Weißwein, trockener

1 TL Cayennepfeffer
1 TL Paprikapulver, rosenscharfes
Salz und Pfeffer
1 Tüte Safranfäden
½ Liter Olivenöl
1 Glas grüne Bohnen
4 Zitronen

Arbeitszeit ca. 60 Minuten
Kochzeit ca. 30 Minuten
Gesamtzeit ca. 90 Minuten
Große Garnelen, Meeresfrüchte, in der Paella Pfanne mit etwas Olivenöl jeweils getrennt kurz braten und dann im Ofen warm stellen.
Die Muscheln in Schale, wenn nicht schon vorgegart, kochen und zur Seite stellen.

4 Pers. Mein Tipp Bodegas Navasques - Tinto Crianza - Navarra siehe S. 78/79

Die Safranfäden in etwas Hühnerbrühe einweichen.
Die Zitronen in Spalten schneiden und zur Seite stellen.
Das Suppenhuhn kochen mit Suppengemüse und Lorbeerblättern und anschließend zerteilen.

Die Hühnerteile in einer großen Paella Pfanne mit etwas Olivenöl scharf anbraten, anschließend Paprika, Zwiebeln und Knoblauch zugeben und kurz mit anbraten, dann im Ofen warm stellen.
Die Reste vom Fisch und Huhn anbraten, lassen wir als Geschmacksverstärker in der Pfanne.
Geben ca. 250 ml Olivenöl in die Pfanne dazu und fügen den Reis zu.
Den Reis lassen wir jetzt kurz anschwitzen und anschließend 1 Liter Hühnerbrühe, Tomaten, Tomatenmark, Gewürze inkl. Safran dazugeben.
Alles unter häufigem Umrühren kochen lassen und wie bei einem Risotto immer ein wenig Brühe und Weißwein unterrühren, bis Brühe und Weißwein aufgebraucht sind und das Ganze eine feste Masse und der Reis weich ist (ca. 15 Min.)

Die kleinen Garnelen, Meeresfrüchte, Fischfilet und Lachs untermischen und heiß werden lassen.
Und zum Schluss die Erbsen und Bohnen unterheben.
Die Paella mit den Gewürzen abschmecken.

Zum Schluss die großen Garnelen, die Muscheln, Paprika und die Zitronen im Kreis darauf anordnen und sofort servieren.
Statt Safranfäden kann auch Safranpulver verwendet werden.

Pancotto

Brotsuppe

200 g Tomaten
5–6 EL Olivenöl
1 Bund Petersilie
2 Lorbeerblätter
1 Knobizehe
1 Stange Staudensellerie
4 Eier
500 g altbackenes Brot
25 g Pecorino
Salz und Pfeffer aus der Mühle

Die Tomaten grob würfeln und mit Olivenöl, Petersilie, Lorbeerblättern, Knobi und Sellerie in einen Topf geben. Mit reichlich 1 Liter Wasser auffüllen, salzen, pfeffern und etwa 30 Min. kochen. Die Brühe durch ein feines Sieb in einen anderen Topf gießen. Die gerösteten Brotscheiben einige Minuten in der Brühe einweichen, dann herausnehmen und auf tiefe Teller verteilen.
Ein Ei in die kochend heiße Brühe gleiten lassen. Sobald es stockt, herausnehmen und auf das Brot legen. Mit den übrigen Eiern genauso verfahren. Die heiße Brühe über Brot und Ei geben und mit geriebenem Käse bestreuen.

4 Pers. Mein Tipp Cantina Fina - Grillo -Sizilien siehe S. 78/79

Penne, überbacken

500 g Penne
300 g Gehacktes ½ u. ½
300 g Zucchini
1 Dose Tomaten
1 Tube Tomatenmark
1 Zwiebel
1 Knobizehe
400 g Gouda
Tabasco
1 Bund Basilikum frisch
Salz, Paprika und Pfeffer aus der Mühle

3–4 Liter Salzwasser im Topf aufkochen, ein paar Tropfen Olivenöl zugeben, die Nudeln ins kochende Wasser geben und bissfest kochen (ca. 11 Min.).

1 EL Olivenöl in eine Pfanne geben, Zwiebeln und Knobi in Würfel schneiden und in der Pfanne glasig schwitzen, das Hackfleisch gut durchbraten und mit Salz, Pfeffer und Paprika würzen.
In einen Topf mittlerer Größe die Tomaten, Zucchini und das Mark geben und das Basilikum reinrupfen, ca. ½ Std. köcheln lassen, etwas salzen und pfeffern und einen Esslöffel Pesto zugeben.
Bei schwacher Hitze etwa noch mal 15 Min. köcheln lassen.
So, nun kommt das Hackfleisch dazu. Wir nehmen eine Auflaufform und schichten abwechselnd Nudeln und Hacksoße übereinander; zum Schluss reiben wir den Gouda oben drüber und stellen die Form ca. 20 Min. bei 150 Grad in den Ofen.

4 Pers.

Mein Tipp San Fabiano - Chianti Putto - Italien siehe S. 78/79

Don Pancho

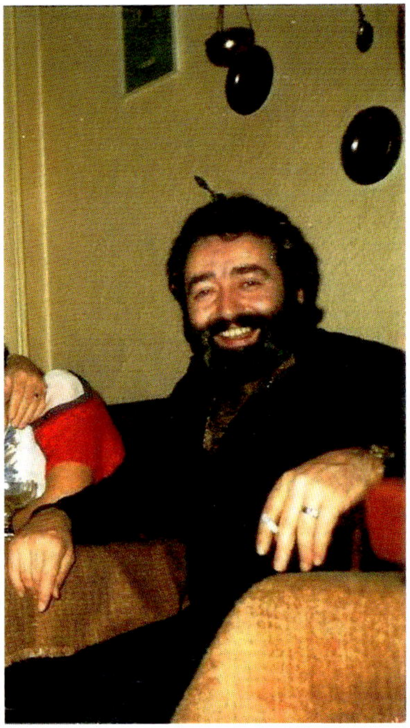

An dieser Stelle möchte ich einen Gastronomen ehren, der mehrere Jahrzehnte in Euskirchen in Erscheinung trat. Unter dem Namen „Don Pancho“ kannte nahezu jeder Hiesige sein Restaurant. Ich möchte hier seine tolle Steak Sauce (das Rezept wurde wie ein Geheimnis behütet) vorstellen. Aber auch sein Salat Dressing war klasse, auch das darf hier nicht fehlen.

Sein Name war Jose Maria Caralt, Spitzname Pepe, wie man in Spanien zu Jose sagt. Pepe hatte Ende der 70er in Euskirchen auf dem Alter Markt sein Steakhaus eröffnet, wo auch ich schon bald zum Stammgast wurde. Seine Steaks waren berüchtigt, alles kam vom Holzkohle Grill und dazu dann die Pepe Sauce - ein Gedicht! Aber auch sein selbst gemachtes Salat Dressing war ein Muss! Er hatte auf der Theke einen Steinguttopf stehen, in dem das Dressing war und schöpfte es mit der Kelle über den Salat.

Später hatte Pepe sich dann vergrößert. Das Restaurant in der Wilhelmstraße war doppelt so groß und hatte im Keller noch einen Gesellschaftsraum

Pepe war ein guter Gastgeber, stets freundlich und hilfsbereit. Ich habe mal mitbekommen, wie er am späten Abend zwei Bettlern ein Stück Fleisch ins Brot packte und es den Bettlern an der Küchentüre gab.

Einige Jahre später hatte Pepe sich dann wieder verkleinert, als er nach Euskirchen - Kuchenheim in die Willi-Graf Straße zog. Dort hatte er ein kleines hübsches Fachwerkhaus über zwei Etagen und einen gemütlichen Biergarten. Da blieb er, bis er in den wohlverdienten Ruhestand ging. Pepe starb am 27.07.2022 in seiner Heimatstadt Barcelona.

Pepe Salat Dressing + Pepe Steaksauce

PEPE SALAT DRESSING

3 Eigelb
1 hart gekochtes Ei
4 Knoblauchzehen
2 Gemüsezwiebeln halbieren und in Scheiben schneiden
Weißer Essig
Salz, Pfeffer aus der Mühle
1/2 l Olivenöl
1/2 l Sonnenblumenöl

Stelle Dir eine Aioli vor, wir machen einen Liter Salat Dressing. Alle Zutaten in einen großen Behälter. Dann mit dem Zauberstab alles langsam hochziehen wie eine Mayonnaise, nur etwas flüssiger. Zum Schluss die Gemüsezwiebeln hineingeben. Etwas Pfeffer aus der Mühle und alles verrühren. Alles über Nacht ruhen lassen, abschmecken, fertig.

PEPE STEAKSAUCE

1kg Gemüsezwiebeln in grobe Würfel schneiden,
150ml trockenen Rotwein
1/2 Tube Tomatenmark,
2 Lorbeerblätter,
2 TL Oregano,
2 TL Pfeffer schwarz aus der Mühle
2 Stück frisches Chili oder nach Geschmack
1 ½ TL Salz,
1 TL Thymian

Alles mit dem Zauberstab zerkleinern bis zu einer homogenen Masse. Mit weiterem Rotwein die richtige Konsistenz anrühren - es sollte sämig fest sein. Mit Klarsichtfolie abdecken und kühlstellen, nach 12 Stunden erneut nachschauen, wegen der Konsistenz.

4 Pers.

Pesto alla Genovese

5 Bund Basilikum
1 Knobizehe
20 g Pinienkerne
grobes Salz
25 g Pecorino, nicht zu kräftig
25 g Parmesan, beides gerieben
2–3 EL Olivenöl

Das Basilikum vorsichtig waschen und abtropfen lassen, mit dem Knobi, den Pinienkernen und einer Prise grobes Salz in der Küchenmaschine zerkleinern.
Nach und nach den geriebenen Käse zugeben und zu einer gleichmäßigen Paste verarbeiten.
Zum Schluss langsam das Olivenöl einrühren, bis eine cremige Masse entsteht.

GNANA
CHIANTI CLASSICO
DENOMINAZIONE
DI ORIGINE CONTROLLATA
E GARANTITA
RISERVA
2008
IMBOTTIGLIATO
ALL'ORIGINE
NELLA FATTORIA
DI RIGNANA
PANZANO IN CHIANTI
ITALIA

Rosmarin-Albondigas

500 g Lammhack
200 g rote Zwiebeln
1 Bund Petersilie
1 gestrichener TL Salz
1 gestrichener TL schwarzer Pfeffer
1 gestrichener TL Kreuzkümmel
2 Eier
100 g Mehl
Pflanzenöl
½ l Sahne
¼ l Weißwein
75 g Gorgonzola
1 kleine Zwiebel
3 Zweige Rosmarin

Hackbällchen:
Die Zwiebeln klein schneiden und mit Hackfleisch, Petersilie, Knoblauch, Ei, Mehl und Gewürzen kräftig kneten.
Die Masse zu Klößchen formen, nicht zu klein, sonst werden sie zu trocken.
Am besten so wie eine kleine Mandarinen. In reichlich heißem Öl scharf braten. Die Klößchen sollten in der Pfanne zu drei Vierteln mit Öl bedeckt sein.

Rosmarinsauce:
Die Zwiebel in feine Ringe schneiden und anbraten. Mit der Sahne ablöschen, anschließend Gorgonzola und Rosmarin dazugeben und aufkochen, bis die Sahne dick wird.
Weißwein zufügen und zehn Minuten auf kleiner Flamme köcheln lassen.

4 Pers.

Mein Tipp

Bodegas Piquers - Marius Reserva - Almansa siehe S. 78/79

Saltimbocca al pollo

1 Kg Hähnchenfilet
4 Scheiben San Daniele Schinken
1 Bund Salbei Blätter
100 gr. Parmegiano
¼ l Weißwein
1 Zitrone
150gr. Butter
Olivenöl
Mehl, Salz, Pfeffer aus der Mühle

Die Hähnchenfilets in Längs-Scheiben schneiden und dann etwas platt klopfen. Mit Mehl bestäuben. den Schinken sowie den Salbei mit Holzspießen anstecken, mit Salz und Pfeffer würzen. Butter und Olivenöl in die Pfanne geben. Die Filets in die Pfanne geben; auch noch lose Salbeiblätter mit rein geben. Schön goldgelb braten und dann wenden.
Jetzt mit dem Weißwein ablöschen und köcheln lassen - etwas reduzieren.
Zitronensaft drüber geben: fertig.
Dazu würde ich frische Tagliatelle machen und zum Schluss den Parmegiano drüber geben.
Guten Appetit!

4 Pers. | Mein Tipp Weingut Nelles - Pinot noir - Ahr siehe S. 78/79

Schweinefilet, gefüllt

1 Schweinefilet
6 Backpflaumen
6 Mandeln
2 Boskopäpfel
1 Zweig Rosmarin
400 g Frühlingskartoffeln

Frühlingskartoffeln kochen,
Schweinefilet in vier gleiche
Stücke schneiden,
in diese Löcher dehnen,
so dass man die Backpflaume
und die Mandel hineinbekommt.
Die Medaillons in Olivenöl scharf anbraten.
Aus der Pfanne nehmen und mit den Kartoffeln und dem Rosmarinzweig in eine Auflaufform geben.
Im Backofen bei 150 Grad 20 Minuten backen.

Für die Soße streuen wir in eine kleine Pfanne etwas Zucker und schwitzen diesen leicht an,
fügen die restlichen Pflaumen und Mandeln hinzu und lassen diese leicht einkochen.
Für den Geschmack geben wir zum Schluss die Apfelscheiben
in die leicht flüssige Masse und braten diese an.
Die Medaillons auf einem Teller anrichten, die Soße über das Fleisch gießen,
mit den Apfelscheiben dekorieren und die Rosmarinkartoffeln dazugeben.

4 Pers. Mein Tipp Weingut Martin Wassmer Spätburgunder Baden siehe S. 78/79

Schweinefilet mit Kräutern, gratiniert

100 g Thymian, Rosmarin, Majoran und Salbei
300 g Semmelbrösel
100 g Pecorino und Parmesan
50 ml Olivenöl
1 Schweinefilet, etwa 700 g
2 Eier
100 ml Sonnenblumenöl
Salz und Pfeffer
Wirsing, Speck

Sämtliche Kräuter fein hacken. Semmelbrösel, Käse und etwas Olivenöl zugeben und vermengen. Das Filet salzen und pfeffern.
Die Eier aufschlagen und verrühren, das Filet darin wenden. Mit Kräutermasse panieren.

In einer vorgewärmten Pfanne mit Sonnenblumenöl etwa 3 Min. von beiden Seiten anbraten. Bei 160 Grad etwa 10 Min. im Backofen garen. Das Filet in dünne Scheiben schneiden und mit Wirsing und geräuchertem Speck servieren.

4 Pers.

Mein Tipp Rutini Wines - Cabernet Malbec - Argentinien siehe S. 78/79

Souvláki

800 g   Lammfleisch aus der Keule

125 ml Öl (Olivenöl)

1 Zitrone, den Saft

125 ml Wein, weiß, trocken

Grobes Salz und Pfeffer, schwarzer, frisch gemahlen

3 Knoblauchzehen

Lorbeerblätter

2 TL Oregano, getrocknet

250 g Schalotte(n)

Arbeitszeit ca. 30 Minuten

Ruhezeit ca. 12 Stunden

Gesamtzeit ca. 12 Stunden 30 Minuten

Fleisch abspülen, abtrocknen und in etwa 3 cm große Würfel schneiden. Olivenöl mit Zitronensaft, Wein, Salz, Pfeffer, halbierten Lorbeerblättern und 2 TL Oregano vermischen, das Fleisch darin wenden und zugedeckt, möglichst kühl, über Nacht marinieren.

Am nächsten Tag Schalotten schälen. Die Fleischwürfel abtropfen lassen und mit den Schalotten auf Grillspieße stecken, so dass sie flachliegend aneinander stoßen.

Spieße auf den vorgeheizten Grill legen und von jeder Seite 4-5 Min. grillen, je nach Dicke des Fleisches. Mit Reis servieren. Man kann zwischen die Fleischstücke noch Tomaten- und Spitzpaprikastücke stecken und mitgrillen.

Mein Tipp

Longchamps Rosé siehe S. 78/79

Mein Tipp

Die Weine auf den Seiten 62 -76

Seite 62 Fräulein Scheu BIO
Weingut Johanninger

Zartgelb trifft Fräulein Scheu ins Glas. In der Nase subtile Aromen von pink Grapefruit und schwarzer Johannisbeere. Im Mund begrüßt einen eine feinfruchtige Süße, die nicht üppig daherkommt, sondern anregend verspielt und Lust auf den zweiten Schluck macht. Die für die Scheurebe typische anregende Säure verleiht auch Fräulein Scheu die nötige Frische.

Seite 63 Primitivo di Manduria
DOP „Zolla“

Im Kerngebiet der Primitivo-Herstellung liegt Manduria. Aus dieser Region kommen die konzentriertesten und teilweise begehrtesten Tropfen. Kräftiges Rubinrot mit purpurroten Reflexen.

In der Nase dunkelbeerige Früchte, Brombeere, Pflaume, gefolgt von Vanille und Anklängen von Pfeifentabak. Im Mund opulente Fülle, weich, samtig mit frucht-geprägtem Abgang.

Der läuft wie Öl.

Seite64 Bodegas Navasques - Tinto Crianza - Navarra

Der Wein zeigt sich in einem dunklen, fast schwarzen Rot. Die Nase ist fruchtbetont, auch Vanille und einem Hauch von schwarzem Pfeffer sind vorhanden. Am Gaumen ist er weich, harmonisch und mit präsentem Tannin. Salute.

Seite 66 Miral Grillo Sicilia DOC

Ein reinsortiger Grillo aus Sizilien. Einfach, unkompliziert, leicht.

Seite 67 San Fabiano - Chianti Putto

Die Reben für diesen Chianti wachsen auf 250-350 m über dem Meeresspiegel. Hier bewahrt er sich seine expressiven, frucht-betonten Aromen von roten Früchten. Die abschließende viermonatige Flaschenlagerung gibt der Sangioveselastigen Cuvée den finalen Schliff. In der Nase klassisch rotbeerig, Sauerkirsche, rote Pflaume, Veilchen und die vom Sangiovese gewohnte Würzigkeit. Viel Spaß!

Johannes Wattler vom Chile Wein Contor GmbH / Wattlers Weinwelt hat mich bei der Auswahl der Weinempfehlungen hervorragend beraten und mir dabei Gelegenheit gegeben,

Seite 72 Bodegas Piquers - Marius Reserva - Almansa

Die wundervoll würzige Cuvée aus Tempranillo, Monastrell und Garnacha liegt tiefrot im Glas. 12 Monate im Barrique unterstützen die perfekt ausgeprägte Frucht, die sich spielerisch vermählt mit noch jugendlichem Tannin. Gute Struktur.

Seite 73 Weingut Nelles - Pinot noir - Ahr

Dunkle Beerenfrüchte, etwas Vanille, kraftvoll am Gaumen. Im Holzfass ausgebaut.

Seite 74 Weingut Martin Wassmer

Spätburgunder Baden

Im Holzfass ausgebaut. In der Nase feine, mineralische Noten, dezente Röstaromen, reife Beerenfrucht, Kirscharomen. Einfach Lecker.

Seite 75 San Felipe Malbec Classic

Reifer und aromatischer, erfrischender Malbec. Der Trumpeter überrascht mit feinen floralen Noten, dem Duft nach Oregano und Thymian, typisch für diesen hoch gelegenen Weinberg. Würzige rote Früchte, feine Säure und ein subtiler Eichencharakter.

Seite 76 Longchamps Rosé

Zu Souvlaki passt laut der griechischen Bevölkerung am besten Rezina oder Ouzo. Ich würde einen Longchamps Rosé bevorzugen.

Dieser Vin du Méditerranée überzeugt in typischer Provence Farbe - der Weinstil, der die Welt begeistert: wenig Säure und feine, elegante Frucht.Eisgekühlt macht er Freude in der Mittagssonne und bis spät in den Abend hinein.

sein außerordentlich umfangreiches Angebot an exzellenten Weinen aus aller Welt kennen lernen und genießen zu dürfen.

Spaghetti Bologna alla Manni

500 g Spaghetti
500 g Gehacktes ½ u. ½
1 große Dose Tomaten
1 Tube Tomatenmark
1 TL Paprika, süß
1 mittelgroße Zwiebel
1 Knoblauchzehe
1 EL Olivenöl
1 EL Pesto
1 Bund frisches Basilikum
Salz und Pfeffer aus der Mühle
ca. 50 g Parmesan

Zwiebeln und Knobi in Würfel schneiden, 1 EL Olivenöl in eine Pfanne geben. Zwiebeln und Knobi glasig schwitzen, 1 EL Tomatenmark mitzugeben,
um Röstaromen zu bekommen.
Hackfleisch dazu und gut durchbraten, das Hackfleisch mit Salz, Pfeffer und Paprika würzen.
In einen Topf mittlerer Größe die Tomaten und das restliche Mark geben und das Basilikum reinrupfen, ca. ½ Std. köcheln lassen.
Etwas salzen und pfeffern und das Pesto zugeben.
Bei schwacher Hitze noch mal 15 Min. köcheln lassen. So, nun noch das Hackfleisch dazu!
Die Spaghetti sollten wie immer im Salzwasser ca. 10 Min. al dente gekocht sein.
Die Parmesanmühle auf den Tisch und guten Hunger.

4 Pers. Mein Tipp Fattoria Nittardi – Chianti Classico – Italien Toscana siehe S. 100/101

Gallo Nero - der schwarze Hahn: Das Wahrzeichen des Chianti Classico

Spaghetti mit Schafskäse

500 g Spaghetti
Salz
1 große Dose Tomaten
2 Knobi, klein gehackt
1 kleiner Bund Basilikum, grob gehackt
1 Paket Schafskäse
80 ml Olivenöl
Pfeffer aus der Mühle

Spaghetti in Salzwasser al dente kochen und abgießen. Die Tomaten mit Knobi, Basilikum, dem zerbröselten Schafskäse und Olivenöl kalt vermengen.
Mit Salz und Pfeffer abschmecken und mit den Spaghetti servieren.

4 Pers.

Mein Tipp St. Michael Eppan – Lagrain Riserva - Südtirol siehe S. 100/101

Spaghetti Salbei

500 g Spaghetti
Salz
1 Bund Salbei, grob gehackt
80 ml Olivenöl
Pfeffer aus der Mühle
Parmesankäse

Spaghetti in Salzwasser al dente kochen und abgießen. Das Olivenöl und den Salbei in eine Pfanne geben, dann die Spaghetti untermischen. Mit Salz und Pfeffer abschmecken.
Mit reichlich Parmesankäse bestreuen.

4 Pers.

Mein Tipp Marco Bonfante – Roero Arneis - Italien Piemont
siehe S. 100/101

Spaghetti mit Speck und Eiern

500 g Spaghetti
150 g durchwachsener Speck
400 g Tomaten aus der Dose
1 kleine Dose Tomatenmark
1 mittelgroße Zwiebel
50 g Parmesan oder Pecorino
je nach Geschmack kann man eine Chilischote zugeben
2 EL Olivenöl
Salz, Pfeffer aus der Mühle

Den Speck in Würfel schneiden und in einer Pfanne mit 2 EL Olivenöl bei milder Hitze rundum anbraten. Die Zwiebel ebenfalls in Würfel schneiden, untermischen und glasig dünsten.

Zwischenzeitig in einem großen Topf 3–4 Liter Salzwasser aufkochen, die Nudeln hineingeben und etwa 10 Minuten bissfest garen.
Jetzt geben wir die Tomaten und das Mark in die Pfanne und die Chilischote käme dann klein gehackt hinzu (oder auch nicht).
Alles mit Salz und Pfeffer leicht würzen.
Die Spaghetti sind auch fertig: abgießen und gut abtropfen lassen,
die Nudeln in der Pfanne mit der Sauce mischen.
Die Hälfte des geriebenen Parmesans zugeben, nochmals mit Salz und Pfeffer abschmecken.
Den restlichen Parmesan mit auf den Tisch stellen.

4 Pers. Mein Tipp Rutini Wines - Malbec Classic .- Argentinien siehe S. 100/101

Spezzatino di Maiale

Schweinegulasch

600 g mageres Schweinefleisch
1 Rosmarinzweig
5 Knobizehen
3 EL Olivenöl
1 Peperoncino
1 kleine Dose Tomaten
Salz und Pfeffer aus der Mühle

Das Fleisch in Stücke schneiden und mit Rosmarin und Knobi in Olivenöl anbraten.
Salzen und pfeffern.
Sobald das Fleisch braun wird, den Peperoncino und die Tomaten zugeben.
Etwa 1 Std. schmoren lassen und ggf. etwas lauwarmes Wasser angießen.

4 Pers. Mein Tipp St. Michael Eppan - Lagrain - Südtirol siehe S. 100/101

Steinpilzbruschetta mit Pata Negra Bellota

1 Ciabattabrot
1 Bund Petersilie
500 g frische Steinpilze
2 reife Tomaten
100 g Pata Negra Bellota
150 g gute Butter
2 Teelöffel Fleur de sel
Pfeffer aus der Mühle

Das Ciabattabrot in vier gleiche Stücke schneiden, diese in den Backofen geben und dort bei 150° C gut antoasten. In der Zwischenzeit können wir schon mal die Steinpilze putzen, die Petersilie und den Bellota klein hacken.

Jetzt geben wir die Butter in eine Pfanne, nach kurzem Anbraten die Petersilie und den Bellota dazu. Stark anbraten und mit der Pfeffermühle gut würzen.
Das getoastete Brot aus dem Ofen nehmen, jedes Stück mit einer halben Tomate einreiben und anschließend mit dem Fleur de sel bestreuen.
Nun die Steinpilze auf das Brot geben und mit etwas Petersilie bestreuen, als Deko legen wir noch ein kleines Stück Bellota oben drauf.

4 Pers.

Mein Tipp

Emilio Moro - La Felisa Vino Tinto Ecológico,
Tempranillo - Ribera del Duero siehe S. 100/101

Tagliatelle-Auflauf

3 l Milch
450 g Tagliatelle (Bandnudeln)
50 g Butter
3 Eier
90 g Parmesankäse
Salz, Pfeffer aus der Mühle und eine Prise Muskatnuss

Milch in einem großen Topf zum Kochen bringen. Tagliatelle hinzugeben und mit Biss kochen. Nudeln abgießen und 180 ml der Kochmilch zurückhalten. Nudeln in eine Schüssel geben, mit der Butter anmachen und abkühlen lassen.

Eier trennen. In einer Schüssel das Eiweiß schlagen, bis es fest wird.
In einer anderen Schüssel die Eidotter verrühren und
nach und nach die zurückbehaltene Milch zugeben.
Mit Salz, Pfeffer und Muskatnuss abschmecken.
Diese Creme auf die Tagliatelle geben, Parmesan zufügen und gut unterrühren; Eierschaum unterziehen. Eine möglichst runde Auflaufform einfetten und die Nudeln hineingeben.
Im Ofen bei 180 Grad backen, bis die Oberfläche Farbe annimmt (ca. 40 Min.).
Aus dem Ofen nehmen und einige Minuten abkühlen lassen.

4 Pers.

Mein Tipp

Acienda Cesari - Mara Ripasso - Italien siehe S. 100/101

Ein Traum wird wahr

Die Confrérie des Chevaliers du Tastevin, die Bruderschaft der Ritter des Tastevin, ist die französische Weinbruderschaft in Burgund, deren Ziel es ist, das Image und die Vermarktung von Weinen aus Burgund insbesondere im Ausland zu fördern. Ihr Symbol ist der Tastevin, eine historische Weinprobierschale aus Silber. Sitz der Chevaliers ist das Château Clos de Vougeot.

Zu den Mitgliedern der Confrérie zählen Winzer, Weingutbesitzer, Personen des öffentlichen

Lebens, Kulturschaffende (Schriftsteller, Musiker, Theaterleute), Wissenschaftler und Personen aus der Wirtschaft und Politik.

Mit 27 Jahren habe ich einen Bericht im Fernsehen gesehen über die Bruderschaft. Das hat mich damals echt begeistert und blieb immer in meinen Gedanken. Auch die Liebe zum Burgund und den tollen Weinen steigerte meine Begeisterung und begleitet mich seither.

2010 lernte ich bei einer Hochzeit einen Chevalier kennen. Meine Begeisterung teilte ich ihm mit. Er deutete an, eventuell könne er mich in die Bruderschaft reinbringen. Er musste aber erst einen Mitbruder überzeugen, für mich im Großen Rat vorzusprechen. Das taten beide dann auch und ich musste eine Bewerbung schreiben, warum ich in die Bruderschaft aufgenommen werden möchte.

Es vergingen Monate über Monate der inneren Unruhe. Als ich nicht mehr an eine Aufnahme glaubte, bekam ich auf einmal Post aus Frankreich: Der Große Rat der Confrerie des Chevaliers du Tastevin lud mich ein, am 8. Juni 2013 dem Chapitres beizuwohnen, um die Inthronisierung zu empfangen. Das war für mich ein Freudentag! Ja, der zweitschönste Tag in meinem Leben.

Wir reisten für drei Tage ins Burgund nach Nuits-Saint-Georges. Dort trafen wir uns mit meinen beiden Paten, und ich habe mit ihnen ein paar schöne Tag verbracht.

Sie zeigten mir die Umgebung und natürlich auch das

Château du Clos de Vougeot, den Sitz der Bruderschaft. Hier sollte ich heute Abend zum Ritter geschlagen werden - ein Wahnsinn!
ich konnte es kaum erwarten, aber irgendwann war es dann soweit: Wir wurden vom Hotel abgeholt und zum Clos de Vougeot gebracht. 500 geladene Gäste waren anwesend. Es war ein sehr feierlicher Akt , der hier vollzogen wurde. Nachdem die Blechbläser den Großen Rat angekündigt hatten und er begrüßt wurde, trat der Grand Maître vor und rief die einzelnen Novizen zu sich hoch. Man bekam mit dem Rebstock den Ritterschlag und den Segen Bacchus´ sowie die Silberne Trinkschale (Tastevin) umgehängt, einen brüderlichen Kuss dazu und dann durfte man sich in das Buch der Bruderschaft eintragen.

Danach ging es in den Innenhof des Chateaus, wo die neuen Brüder mit Fanfaren und Champagner begrüßt wurden. Anschließend zogen alle in den großen Rittersaal, wo es bei Unterhaltung ein Acht- Gänge-Menü mit edlen Weinen und Champagner gab. Um Mitternacht gab es eine riesige Torte und ein großartiges Feuerwerk.
Um Punkt 1 Uhr war alles zu Ende. Unser Bus brachte uns ins Hotel zurück. Es war ein grandioser Tag mit so vielen Eindrücken, die mich noch lange beschäftigten. Seitdem bin ich immer wieder mal im Burgund und besuche meine Bruderschaft und nehme mir ein paar leckere Weine aus dem Bestand mit.
Probiert auch Ihr mal leckere Weine aus dem Burgund, z. B. einen schönen Roten aus der Pinot Noir Traube oder herrlichen Weißen Chardonnay. Es macht immer wieder Spaß, diese tollen Weine zu kosten.

Die Chapitres genannten Versammlungen der Mitglieder, an denen auch Gäste teilnehmen können, finden das ganze Jahr über statt. Das erste Chapitre, das „Chapitre de la Saint-Vincent Tournante“ findet im Januar statt, das letzte, das „Chapitre de la Saint Hubert“, am ersten Samstag im Dezember. Vor jedem Chapitre werden die neuen Chevaliers auf dem Chateau Clos de Vougeot „inthronisiert“. Die Inthronisierung (= der Ritterschlag) erfolgt in einer feierlichen Zeremonie und ist verbunden mit einem abendlichen Festessen.
In jedem der Chapitres präsentiert die Confrérie des Chevaliers du Tastevin während einer Galaveranstaltung nationale und internationale Persönlichkeiten, die sich um das Burgund und den burgundischen Wein verdient gemacht haben.

ANTICA MAC
CECCHI
Panzano in Chi
Tel. 0

Tepsi-Hackfleischplatte

Dieses Gericht kenne ich aus Dalmatien.
Es hat mich schon als Kind begeistert und auch heute esse ich es immer wieder gern.

1½ kg Hackfleisch ½ u. ½
½ kg Zwiebeln
1 kg Paprika, bunt
1 Ei
4 EL Semmelbrösel
1 Flasche Curry-Ketchup (Hellas)
1 TL Chiliflocken
Hackfleischgewürz
je 2 rote u. grüne Peperoncini
1 Knobizehe nach Geschmack
Salz
Peffer aus der Mühle

Geben Sie das Hackfleisch in eine Schüssel und fügen Sie ein Ei, Semmelbrösel, ein paar Spritzer Tabasco, Salz und Pfeffer hinzu. Anschließend zerdrücken Sie eine Knoblauchzehe und geben auch diese in die Schüssel, alles gut durchkneten.
Das Brät nun in einem tiefen Backblech gleichmäßig verteilen.
Jetzt den Curry-Ketchup über das Brät streichen (die ganze Flasche) und die Peperoncini oben drauflegen.
Nun schieben Sie das Blech in den Ofen, dort bleibt es bei 175 Grad ca. 20 Min.
In der Zwischenzeit schälen Sie die Zwiebeln, putzen die Paprika und schneiden alles in Scheiben.
Nach 20 Min. das Blech aus dem Ofen ziehen, Zwiebeln und Paprika zugeben und nochmals 20 Min. in den Ofen: fertig!
Dazu passen Stangenbrot zum Auftunken der Bratensoße und vielleicht ein bunter Salat.

4 Pers.  Mein Tipp Markus Schneider -Black Print - Pfalu siehe S. 100/101

Tiramisù

was so viel heißt wie „zieh mich hoch“, ist in ganz Italien ein Kultdessert.
Zahlreiche Regionen beanspruchen, es erfunden zu haben.
Entsprechend viele Rezepte gibt es und den meisten Stress verursacht die zu verwendende Spirituose: Man nimmt Cognac, Marsala, Amaretto, Whisky oder Rum bis hin zum Kaffeelikör. Wie auch immer, das Löffelbiskuit kommt aus dem Piemont und den Hauptteil der Speise, den Mascarpone, machen die Lombarden. Nun sei's drum: Hauptsache es schmeckt.

200 ml Sahne
5 EL Zucker
4 Eigelb
500 g Mascarpone
200 g Löffelbiskuits
4 EL Espresso
4 EL Amaretto
Kakaopulver

Die Sahne mit 1 El Zucker steif schlagen.
Die Eidotter mit dem restlichen Zucker
auf höchster Stufe mit dem Handrührgerät cremig rühren.
Löffelweise den Mascarpone und dann, bei verringerter Geschwindigkeit,
die Sahne unterrühren.
Eine flache Form mit Löffelbiskuits auslegen.
Espresso und Amaretto vermischen und die Biskuits damit beträufeln,
dann eine Lage Creme aufstreichen.
Diese mit einer Schicht Löffelbiskuits bedecken, diese erneut mit Espresso-Amaretto-Mischung beträufeln und die restliche Creme aufstreichen. Mit Kakaopulver bestreuen und mindestens eine Stunde in den Kühlschrank stellen.

4 Pers.

Tomate Ricotta Bruschetta

1 Maisbrot oder Baguette
½ Kg Fruchtige reife Tomaten
1 Dose Tomaten
1x Ricotta
1x Büffel Mozzarella
Bund frischer Oregano
Bund Basilikum
6 Knobizehen
Olivenöl
Pfeffer, Salz

Die Tomaten auf ein Blech oder feuerfeste Schale geben. 4 Knobizehen kleinhacken und etwas Oregano zupfen. Alles über die Tomaten geben und dann Olivenöl über alles träufeln.

So - für ca. 5-7 Minuten ab in den Ofen bei 220 Grad.
In der Zwischenzeit geben wir die Büffel-Mozzarella in eine Schüssel, dazu 3 EL Ricotta, etwas Salz und Pfeffer und kneten alles mit einer Gabel gut durch. Dann geben wir die Tomaten aus der Dose in eine Schale.
Etwas Salz und Pfeffer geben wir dazu und mischen ein paar Tropfen Olivenöl und etwas kleingehacktes Basilikum unter. So jetzt wird es lecker!
Das Brot in ca. 2 cm dicke Streifen schneiden und toasten, die Scheiben mit einer Knobizehe einreiben. Etwas Olivenöl drauf träufeln, die Tomatensauce aufstreichen sowie die Ricotta Mozzarella-Creme aufbringen. Basilikum-Blätter in die Creme drücken und je eine Tomate drauflegen. Etwas vom Sud über das Ganze - und fertig!

4 Pers.

Mein Tipp

Acienda Cesari - Sollione Primitivo- Salento , Italien
siehe S. 100/101

Tonno alla Mafioso

1 Glas Weißwein
Saft von einer Zitrone
1 Rosmarinzweig
1 Knobi, zerdrückt
Salz und Pfeffer aus der Mühle
600 g frischer Thunfisch
4 EL Olivenöl
3 Sardellen

Aus Wein und Zitronensaft unter Zugabe von Rosmarin, Knobi, etwas Salz und Pfeffer eine Marinade bereiten. Den Thunfisch in Scheiben schneiden, gründlich waschen und einige Stunden in der Marinade einlegen. Danach abtropfen lassen und auf dem Grill von beiden Seiten braten. Dabei mit der Marinade beträufeln. Während dessen in einer Pfanne Olivenöl erhitzen, die Sardellen zugeben und mit einer Gabel zu einer Paste zerdrücken. Diese über den Thunfisch geben und servieren.

4 Pers.

Mein Tipp „I Ronchetti“ Gavi di Gavi DOCG siehe S. 100/101

Mein Tipp

Die Weine auf den Seiten 80 - 99

Seite 80 Belcanto Chianti Classico DOCG

Eine Cuvée aus acht verschiedenen Rebsorten. Der Hauptakteur bleibt mit 90% Sangiovese. Die verbleibenden 10% bilden sich aus autochthonen Reben der Region. Dunkles Violettrot, saftige Kirsch- und Himbeer-Aromen mit einem Hauch Rosmarin und floralen Noten. Mittlerer Körper mit knackigen Tanninen am Gaumen und einem frischen und langen Abgang. Wieder einmal ein Top Chianti Classico aus dem Hause Nittardi.

Seite 82 St. Michael Eppan – Lagrain Riserva -

Schwarzrot im Glas, entfaltet er einen fruchtigen Duft nach Kirschen, Veilchen und Brombeere. Im Mund würzig mit guter Struktur und ansprechendem Grip.

Seite 83 „Perste“ Roero Arneis DOCG

Im Glas erscheint der Wein in einem leuchtenden, mittelkräftigen Zitronengelb. Der Geruch ist filigran, mit Noten von Pfirsich und Aprikose. Im Mund ist er voluminös, schmackhaft, aber auch weich und elegant.

Seite 84 San Felipe Malbec Classic

Dieser reinsortige Malbec erscheint im Glas tief runbinrot mit merklichen Violett-anteilen. In der Nase Brombeer- und Him-beerkonfitüre. Im Mund marmeladig, aber nicht üppig, sondern mit Textur und griffigem Tannin.

Seite 85 Sankt Michael Eppan Lagrain

Schwarzrot im Glas, entfaltet er einen fruchtigen Duft nach Kirschen, Veilchen & Brombeere. Im Mund würzig mit guter Struktur.

Seite 87 Emilio Moro - La Felisa Vino Tinto Ecológico, Tempranillo - Ribera del Duero

Unendliche Nuancen! Violette Farbe. In der Nase ist er intensiv, mit viel Persönlichkeit, da ist eine deutliche Präsenz frischer Früchte, rot u. schwarz zu vernehmen. Ein charakteris-isches blumiges Aroma von Veilchen, Zitrus u. Lakritz-Noten sticht hervor, was den aromatischen Ausdruck äußerst einzigartig macht und überrascht. Am Gaumen ist er voluminös und strukturiert.

Mit Säure ausgewogener, frischer und anhaltender Nachgeschmack.

Johannes Wattler vom Chile Wein Contor GmbH / Wattlers Weinwelt hat mich bei der Auswahl der Weinempfehlungen hervorragend beraten und mir dabei Gelegenheit gegeben,

Seite 88 Ripasso della Valpolicella DOC Superiore „Mara“

Was richtig Feines zum Auflauf! Aus den Rebsorten Corvina Veronese, Rondinella und Molinara entsteht ein kraftvolles Konzentrat mit üppigen, reifen Fruchtnoten. Ein Wein von exzellenter Struktur, explosiv am Gaumen.

Seite 95 Blackprint

Weingut Markus Schneider

Der Black Print ist das Aushängeschild dieses Weinguts und sicher der Beweis, dass auch Deutschland das Potenzial hat, große Rotweine zu kreieren. Wie schwarze Tinte trifft der Black Print ins Glas. Die vielschichtige Cuvée aus Merlot, Cabernet Sauvignon, Cabernet Dorsa, Syrah & Blaufränkisch bringt konzentrierte, dunkle Frucht an die Nase. Intensive, dichte & würzige Fülle ist das Ergebnis eines optimalen Erntezeitpunktes der unterschiedlichen Rebsorten.

Seite 98 Acienda Cesari - Sollione primitivo-Salento , Italien

Rubinroter Primitivo, kräftiger Duft nach Kirsche, Feigen. Satte Fruchtfülle dringt an den Gaumen, voll rund und saftig.

Seite 99 „I Roncetti“ Gavi di Gavi DOCG

I Ronchetti ist das Ergebnis einer Auslese der besten Trauben aus der Lage Sorì Ronchetti, die sich im Herz der Gemeinde Gavi befindet. Die gesteigerte Qualität ist der Ertragsreduzierung zu verdanken sowie der Lagerung auf der Feinhefe. Im Glas erscheint der Gavi di Gavi I Ronchetti mit einer grellen strohgelben Farbe. Die Aromen sind intensiv und typisch für die Rebsorte mit Noten von Banane und Zitrusfrüchten. Im Mund ist er trocken, schmackhaft und elegant.

Eine intensive Mineralität und ein Nachgeschmack von Bittermandel machen diesen Gavi zu einem großartigen Begleiter von Krustentieren und Linguine mit Hummer.

sein außerordentlich umfangreiches Angebot an exzellenten Weinen aus aller Welt kennen lernen und genießen zu dürfen.

Veuve Clicquot
CHAMPAGNE
Veuve Clicquot
BRUT
RESERVE CUVÉE
REIMS FRANCE
Caspian Tradition

TRADIZIONI
LOCALI

Tortiglioni con Salsiccia

500 g Tortiglioni
500 g Salsiccia fresca
(italienische Bratwurst mit frischen Kräutern; man bekommt sie hier im Feinkostladen)
1 Dose Tomaten
50 g Pecorino
2 EL Olivenöl
Salz
Pfeffer aus der Mühle

3–4 Liter Salzwasser aufkochen, ein paar Tropfen Olivenöl zugeben. Wenn das Wasser kocht, Nudeln zugeben und bissfest kochen (ca. 10 Min).
In der Zwischenzeit schneiden Sie die Salsiccia in kleine Stücke.
Erhitzen Sie in einer Pfanne 2 EL Olivenöl und braten Sie die Salsiccia von allen Seiten scharf an.
Geben Sie die Tomaten zu und lassen das Ganze ca. 10 Min. köcheln.
Dann salzen und pfeffern.
Den Pecorino können Sie am Tisch darüber reiben.

4 Pers.

Mein Tipp Capato Rosso Maremma Toscana DOC siehe S. 120/121

ANTIGUA
67
CMMDR

Toskana-Schnitzel

4 dünne Kalbsschnitzel
4 Scheiben Kochschinken
4 Scheiben Emmentaler
1 Bund Basilikum
1 Mozzarella
1 Esslöffel Oregano
1 Paket passierte Tomaten

Die Schnitzel von beiden Seiten salzen und pfeffern.
Dann eine Scheibe Käse und eine Scheibe Kochschinken auf das Schnitzel legen, einige Blätter Basilikum drauf und das Ganze zusammengerollt in eine Auflaufform geben, dazu die passierten Tomaten und den in Würfel geschnittenen Mozzarella.
Über das Ganze streuen Sie nun den Oregano.
Im Umluftherd bei 180 Grad ca. 35 Min. garen lassen.

4 Pers.

Mein Tipp Ed Flaherty - Red Blend Casa Magnolio- Chile siehe S. 120/121

San Gimignano

San Gimignano, das Manhattan der Toscana. Im Vordergrund Certaldo Alto Geburtsort von Giovanni Boccaccio

Dieser Ort, den wir von der Terrasse unserer Ferienwohnung aus sehen können, ist wirklich sehenswert, obwohl es in der Hauptsaison gar nicht einfach ist, einen Parkplatz zu bekommen.

Durch das große Tor Porta San Giovanni geht man auf die mittelalterliche Hauptstraße der ehemaligen Handelsstadt. Die gesamte Stadt ist Fußgängerzone und die Gassen sind mit dem ursprünglichen Pflaster aus den Steinen der Umgebung belegt.

Viele Geschäfte bieten Spezialitäten der Toscana, wie Wildschweinwürste, Gewürze, eingelegtes Gemüse usw. an, man kann hier aber genauso Taschen und Keramik aller Art finden.
Am Piazza del Duomo befindet sich das Rathaus mit dem höchsten Turm von San Gimignano, dem „Torre Grossa", 54 Meter hoch und begehbar. Allerdings gegen Bezahlung: 9 €* für die Quälerei, 218 Stufen führen auf die höchste Plattform, von der man einen beeindruckenden Ausblick auf die Stadt hat.

*Alle Preisangaben aus Anfang 2024

Der Konstrukteur der neuzeitlichen Treppe ist allerdings ein Sadist gewesen. Ansonsten ist es unerklärlich, warum man halbdurchsichtige Stufen einbaute. Höhenängstliche und nicht Schwindelfreie kommen schweißgebadet jeweils oben oder unten an. Der Wind weht kräftig.

Der Ausblick ist allerdings überwältigend. Bemerkenswert ist, dass die Türme einmal Wohnzwecken gedient haben, weil die Adelsgeschlechter sich gerne gegenseitig bekriegten und die Türme einige Sicherheiten boten.

Heute sind noch 15 von den ehemals 72 Türmen da.

Im Hofe des Rathauses wurde auch Gericht gehalten. Die kaum noch lesbare Inschrift besagt sinngemäß, dass „.. auch dir Recht gesprochen wird, wenn du rasch mit dem Beutel bist.“ Hmm. ..

Heute sitzen hier Musikanten. Sie spielen alte Klänge auf der Harfe oder auf dem Spinett.
Wenn dann der Wind durch den Hof weht und die Sonne einem ins Gesicht scheint,
dann ist man glückselig.
Die vielen verwinkelten Gassen und überraschend großzügigen Piazzi bieten
schöne Fotomotive und laden zum Schlendern und Bummeln ein.

Ungarische Gulaschsuppe

500 g Rind- oder Schweinefleisch
1 EL Öl
1 Zwiebel
1 TL Paprikapulver, scharf
1 Paprika
4 Tomaten
200 g Möhren oder Petersilienwurzeln
300 g Kartoffeln
Kümmel, Salz

Das Fleisch waschen, trocken tupfen und in etwa 2x2 cm große Würfel schneiden. Die klein gewürfelte Zwiebel in Öl andünsten, vom Herd nehmen, mit Paprika bestreuen, die Fleischwürfel dazugeben und bei starker Hitze unter ständigem Rühren kräftig anbraten.

Die vom Samenstand befreite und in Ringe geschnittene Paprika und die geschälte und in dünne Streifen geschnittene Tomate zufügen, nach Belieben salzen. Zudecken, bei mäßiger Hitze im eigenen Saft schmoren.
Wenn das Fleisch fast gar ist, das geputzte, in Scheiben geschnittene Wurzelwerk und die in Würfel geschnittenen Kartoffeln dazugeben.
Mit ca. 1–1½ l Wasser auffüllen, mit Kümmel würzen und alles butterweich kochen. Eventuell nachsalzen.
Um mehr Schärfe reinzubekommen, Paprikakirschen in Ringe schneiden und auf die Suppe geben.
Fertig!

Mein Tipp Bedoba - Saperavi - Tinto -Georgien siehe S. 120/121

Wirsingtopf

100 g durchwachsener Speck
500 g Hackfleisch ½ und ½
1/8 l Brühe
3 Zwiebeln
1 großer Wirsing
8 Kartoffeln
300 g Emmentaler
2 Brühwürfel
Salz, Pfeffer, Muskat

Speck würfeln, im Topf glasig braten,
dann das Hackfleisch zufügen und braten.
Brühe zum Ablöschen verwenden.
Die Zwiebeln schälen und in Ringe schneiden,
den Wirsing putzen, waschen und
fein schneiden, die Kartoffeln würfeln.
Zwiebeln, Gemüse und Kartoffeln nun zum Fleisch in den Topf geben.

Die Brühwürfel und evtl. noch etwas Wasser hinzufügen,
zugedeckt 45 Minuten kochen lassen und mit Salz, Pfeffer und Muskat abschmecken.
Zum Schluss den Emmentaler unterziehen und servieren.

4 Pers.

Mein Tipp

Poul Crochot – Chablis Premier Cru - Frankreich

Ziegenkäse-Kartoffel-Strudel

300 g Weizenmehl (Type 405)
2 EL Öl Salz
½ Tasse warmes Wasser
4 EL Butter
800 g Pellkartoffeln
3 Zwiebeln
je 1 TL Thymian, Rosmarin und Salbei
120 g geriebener Ziegenkäse
50 g getrocknete Tomaten,
1 hart gekochtes Ei, gewürfelt
1–2 EL Kartoffelstärke
1 EL Olivenöl
1 Dose Tomaten
½ Bund Kräuter nach Wahl, gehackt
1 Schuss Spätburgunder

Mehl in eine Schüssel sieben.
Öl, Salz und Wasser zugeben und zu einem glatten Teig verkneten. Ruhen lassen.
Teig auf einem bemehlten Küchentuch ausrollen und mit den Händen papierdünn ziehen.
Mit 2 EL flüssiger Butter bepinseln.
In einer Pfanne 2 EL Butter schmelzen. Kartoffeln und 1 Zwiebel klein schneiden und mit den Kräutern darin schwenken. Mit Käse, den getrockneten Tomaten, Ei und Stärke vermengen.
Kartoffelfüllung in den Teig rollen und in einer gefetteten Form
bei 180 Grad ca. 10–15 Min. auf mittlerer Schiene backen.
Für das Sugo restliche Zwiebeln würfeln und im Öl anbraten.
Tomaten 10 Minuten mitköcheln. Frische Kräuter und Wein zugeben.
Mit dem Strudel anrichten und servieren.

4 Pers.

Mein Tipp Weingut Dr. Loosen - Weißburgunder - Mosel siehe S. 120/121

Zucchini mit Gorgonzola u. Maronen

200 g Kartoffeln
2 Schalotten
200 g Kräuterseitlinge
3 EL Butter, 150 ml Sahne
1 Bund Petersilie, gehackt
4 Zucchini
150 g Gorgonzola
150 ml Gemüsebrühe
½ Bund Schnittlauch
Salz, Pfeffer, Muskat
100 g Maronen
1 EL Zucker
etwas Wasser

Kartoffeln in Salzwasser 25 Min. gar kochen.
Schalotten und Kräuterseitlinge klein schneiden.
In 1 EL Butter andünsten. 100 ml Sahne angießen.

Die Hälfte der Petersilie zugeben, salzen und pfeffern.
Zucchini halbieren und aushöhlen. In eine gefettete Auflaufform setzen und mit dem Gemüse füllen.
Gorgonzola drüberbröseln. Gemüsebrühe angießen. Bei 190 Grad ca. 25–30 Min. backen.
Kartoffeln abgießen, pellen und stampfen.
Mit dem Schneebesen 50 ml Sahne, 1 EL Butter, restliche Petersilie und Schnittlauch unterrühren.
Mit Salz und Muskat abschmecken. Maronen kreuzweise mit dem Messer einritzen, 15 Min. kochen und heiß schälen. 1 EL Butter im Topf schmelzen. Unter Rühren Zucker einrieseln lassen.
Maronen zugeben. Mit Wasser ablöschen und etwas einkochen lassen.
Gefüllte Zucchini mit dem Kartoffelpüree und den karamellisierten Maronen servieren.

4 Pers.

Mein Tipp

Francois Millet – Sanccere Le Vallon - Frankreich
siehe S. 120/121

Zwiebelkuchen

200 g Magerquark
300 g Joghurt
400 g Mehl
4 Eier
1 Prise Salz
8 EL Öl
6 EL Milch
1 Beutel Backpulver
7 Zwiebeln
40 g Margarine
300 ml saure Sahne
300 g Schinken, gekocht
300 g Emmentaler

1 EL Speisestärke
Salz, Pfeffer

Den Quark, das Mehl, 1 Ei, Salz, Öl, Milch und Backpulver
zu einem glatten Teig verarbeiten und auf einem gefetteten Backblech ausrollen.
Die Zwiebeln in Scheiben schneiden und glasig dünsten.
Erkalten lassen und mit der Sahne, dem Joghurt und der weichen Margarine verrühren.
Den Schinken würfeln. Emmentaler in feine Streifen reiben.
Zusammen mit den restlichen verrührten Eiern dazugeben und nochmals vermischen.
Mit Salz und Pfeffer gut würzen!
Den Belag auf dem Teig verstreichen und im auf 200 Grad vorgeheizten Backofen
auf der mittleren Schiene 20–25 Min. backen.

4 Pers.

Mein Tipp

Markus Molitor – Chardonnay – Wehlener Klosterberg - Mosel
siehe S. 120/121

Zwiebelsuppe

3 Gemüsezwiebeln
30 g Butter
10 g Mehl
1/2 Liter Brühe
1/8 Liter Weißwein
40 g Weißbrot
ca. 1 EL Cognac
30 g Emmentaler
Pfeffer aus der Mühle
Salz

Die Zwiebeln pellen, halbieren und in dünne Scheiben schneiden. In einem Topf 10 g Butter auslassen und die Zwiebeln darin leicht bräunen.
Mehl darüber streuen und ebenfalls leicht braun werden lassen.
Mit Brühe auffüllen (am besten schmeckt selbst gekochte Fleischbrühe).
Zugedeckt ca. 20 Min. leicht köcheln lassen. Den Weißwein am Ende der Kochzeit zufügen.
Die Suppe mit Pfeffer und Salz würzen. Weißbrot oder Baguette in fingerdicke Scheiben schneiden (besser essen lassen sich allerdings Würfel).
In einer beschichteten Pfanne 20 g Butter auslassen und die Brotscheiben von beiden Seiten goldbraun rösten.
Den Cognac (ca. 1 EL) leicht erwärmen und in eine Suppenkelle füllen.
Dann anzünden und brennend auf das Brot gießen.
Ausbrennen lassen.
Die Suppe in feuerfeste Suppentassen oder kleine Auflaufformen füllen, mit dem Brot bedecken und den geriebenen Käse darüber streuen.
Im vorgeheizten Ofen bei 250 Grad auf mittlerer Schiene oder im Grill ca. 5 Minuten überbacken.

4 Pers.

Mein Tipp: Bestheim – Gewürztraminer Gran Cru Zinkoepfle - Elsass
siehe S. 120/121

Mein Tipp

Die Weine auf den Seiten 104 -119

Seite 104 Capato Rosso Maremma Toscana DOC

Der Capato von der fattoria di magliano hat sich innerhalb kürzester Zeit zu "Everybodys Starling" entwickelt. Die Cuvée aus Sangiovese, Merlot & Cabernet Sauvignon ist herrlich saftig am Gaumen. In der Nase intensiv und ausdrucksstark nach roter Pflaume, Schwarzkirsche, Brombeere, Himbeere und Vanille. Seine moderne Stilistik und der etwas höhere Restzuckergehalt vermitteln eine animierende Fruchtfülle und machen ihn äußerst zugänglich. Macht Lust auf den nächsten Schluck.

Seite 106 Ed Flaherty - Red Blend

Casa Magnolio- Chile

Dunkle Pflaumen und rote Kirscharomen in Kombination mit Lakritz und getrocknetem Pfirsisch. Angenehme Noten von Veilchen, Lavendel, Sauerkirsch, Pfefferminz und Vanille verleihen ihm die gewollte Tiefe.

Nach der Lagerung in französischen und amerikanischen Eichenbarriques wurde dieser Jahrgang lediglich gefiltert, nicht geschönt.

Seite 112 Bedoba - Saperavi - Tinto -Georgien

Bedoba: Ein Gemeinschaftsprojekt des georgischen Winzers Nugzar Ksovreli und des Weinpioniers Thierry Fontannaz. Im Glas präsentiert er sich in kräftigem Granatrot. In der Nase offenbart sich der Ausbau in amerikanischer Eiche.

Gewürznelke, Sternanis, Vanille. Danach Aromen von dunklen Früchten: Schwarzkirsche, Pflaume und Cassis. Im Mund samtig, mit überraschender Fülle für gerade einmal 13% vol. Die rotbeerige Frucht findet sich auch am Gaumen wieder.

Ein gekonnter Spagat zwischen traditionellem Ausbau und modernem Weinstil!

Seite 113 Poul Crochot – Chablis Premier Cru - Frankreich

Wohltuend frisch, dabei doch reif und mit aller Fülle der Frucht von Ananas, Apfel und Melone ist dieser Premier Cru. Hinzu kommen 9 Monate Fass-Ausbau. Harmonische und weiche Aromen wie Vanille, Honig, Butter u. eine zarte Röstnote. Geschmeidig, persistent u. im Geschmack herrlich leicht ist der Chablis.

Johannes Wattler vom Chile Wein Contor GmbH / Wattlers Weinwelt hat mich bei der Auswahl der Weinempfehlungen hervorragend beraten und mir dabei Gelegenheit gegeben,

Seite 115 Weingut Dr. Lossen - Weißburgunder - Mosel

Dieser feine, mineralische Weißburgunder ist der liebgewordene Kuckuck im Riesling-Weingut Dr. Loosen.

Trinkfreudig fruchtig, mit zart animierender Säure und der typischen Mineralität von den Schieferlagen der Mittelmosel. Schmeckt nach mehr.

Seite118 Markus Molitor – Chardonnay – Wehlener Klosterberg - Mosel

Der Pinot Blanc Wehlener Klosterberg ist tiefgründig, rein, intensiv und komplex in der Nase, die Aromen von Karamell mit floralen und schiefertypischen Noten verbindet. Vollmundig, üppig, rund und intensiv am Gaumen ist dies ein außergewöhnlich feiner und spannender Pinot mit eleganter Kraft, feinen Tanninen und einem langen, klaren Abgang, der von Mineralität und Salzigkeit geprägt ist.

Seite 116 Francois Millet – Sanccere Le Vallon - Frankreich

Die weltweit geschätzte Appellation Sancerre an der Loire ist Heimat dieses fantastischen Sauvignon Blanc. Er duftet fruchtig nach Schwarzer Johannisbeere und Passionsfrucht. Am Gaumen sind Noten von Grapefruit und Cassis erkennbar. Angenehm frisch, mit ansprechender Mineralik und sehr guter Länge. Einfach Top!

Seite 119 Bestheim – Gewürztraminer Gran Cru Zinkoepfle - Elsass

Kräftig goldgelb im Glas mit sichtbar hoher Viskosität. In der Nase für den Gewürztraminer typisch, sehr aromatisch mit hohem Wiedererkennungswert.

Reife Mango, Banane, Waldhonig und Ge-würze. Im Mund sehr breit, auskleidend, im wahrsten Sinne des Wortes "ein Maul voll Wein".

Der unglaublich lange Abgang ist von süßem Honig, Pfeffer und Krokant begleitet.

sein außerordentlich umfangreiches Angebot an exzellenten Weinen aus aller Welt kennen lernen und genießen zu dürfen.

Wie kam es zu dem Buch?

2012 auf einer Geschäftsreise habe ich mit Steven, meinem guten Freund und Food-Fotografen, abends zusammengesessen und wir überlegten, was wir aus meinen ganzen Rezepten machen. Meine Überzeugung von Essen und Trinken gepaart mit meinen Rezepten sollte veröffentlicht werden. Da hatten wir schon mal den Titel: „Essen & Trinken, wie ich es mag“. Dann dachten wir, es müssen schöne Fotos gemacht werden, wie ich koche. Natürlich in der perfekten Umgebung. Da war uns beiden klar: Es geht nach Bella Italia zu Cosimo Gericke, dem die Fattoria Rignana gehört in der Nähe von Panzano in Chianti. Aber vorher haben wir drei Tage Stopp in Ligurien gemacht. Rapallo/Portofino war das Ziel, um Bilder von Essen, Trinken und Lebenslust zu machen.

Das war auch eine großartige Erfahrung, Ligurien, Land und Leute zu entdecken. Cosimo und seine Frau Sveva Rocco di Torrepadula betreiben seit vielen Jahren die Fattoria di Rignana mit

acht geräumigen und einladenden Doppelzimmern mit eigenem Bad, die den Gästen von April bis November zur Verfügung stehen. Weitere acht Zimmer befinden sich in der Villa - herrschaftlich und prunkvoll.

Die ursprünglichen Unterkünfte wurden von den beiden geschickt restauriert, um dem Ganzen einen Hauch eleganten und einladenden Agriturismo-Lebens einzuhauchen, umgeben von 13 ha

Weinbergen, einem Olivenhain mit 1000 Bäumen und einem bewaldeten, hügeligen Land mit etwa 110 Hektar.

Hier haben wir uns eine Woche eingenistet, um kreative Fotos zu machen. Im Vorfeld habe ich mir noch eine Kochjacke anfertigen lassen, Steven hat seine Ausrüstung eingepackt und ab ging es Richtung Italien. Hier auf dem Weingut von Cosimo haben wir uns gut eingerichtet, die Küche in der Villa war unser Arbeitsort - es sah aus wie im Filmstudio und wenn die Lichtverhältnisse stimmten, ging es raus in die Weinberge usw.

Wieder zurück in Deutschland ging es daran, die Rezepte zusammenzustellen, Bilder auszusuchen, zuzuordnen und zu beschreiben. Auch das hat Spaß gemacht und viele Erinnerungen kamen bei jedem Bild wieder hoch. Alles in allem: Eine wunderschöne Erfahrung!

Danksagung

Hiermit schließe ich mein Kochbuch und hoffe, Sie haben noch viel Freude damit.

Die Rezepte sind in der Regel für 4 Personen gedacht.
Was ich vielleicht noch zu sagen hätte: EL bedeutet Esslöffel,
TL bedeutet Teelöffel.
Alle Preisangaben stammen aus dem 1. Quartal 2024.

Es hat sehr viel Spaß gemacht, die Rezepte zu „erarbeiten" und zu genießen.
Mein Körper dankt es mir.
Und es hat sehr viel Spaß gemacht, dieses Buch zu erstellen.
Mein Kopf dankt es mir auch.
Besonderen Spaß hat die Fotoreise mit Steven Beltjes gemacht.
Danke Steven für die tollen Bilder (www.the-photokitchen.com)

Außerdem danke ich Cosimo Gericke dafür, dass wir auf Rignana so schöne Fotos machen konnten (www. rignana.it)
Besten Dank auch an die Leute, die meine Gerichte immer wieder probieren mussten.
Soweit es mir bekannt ist, haben sie es gut überstanden.

Und zuletzt gilt mein besonderer Dank dem Verlag Campaign House für das Lektorat und die vielen hilfreichen Hinweise, alle meine Ideen und Beschreibungen in eine solch strukturierte und lesbare Form zu bringen. So ist das Buch eine wahre Freude - für mich und für hoffentlich viele Leser - geworden.

Meine Kontaktdaten:
Manfred Kautz
Telefon +49 2443 9049304
info@west7.immo

In memoriam

Signore Carlo Bavecchi
von der Fattoria la Quercia.
Er war nicht nur für
hervorragende Weine verantwortlich,
sondern machte den besten Grappa
weit und breit.

Helmut Rech.
Ein guter Freund und
Geschäftspartner, der zudem
an jeder Dekadenz-Tour teilnahm.
Er verstarb leider 2014.

R.I.P.

Vom selben Autor

Die Trolljägerin
Eine mitreißende, phantastische Geschichte
mit wunderschönen Fotos aus den
verwunschenen Wäldern der Eifel.
30 x 22 cm, 58 Seiten, Hardcover

Zu bestellen über den klassischen oder den Online-Buchhandel
ISBN 978 398 252 4511
EUR 24,90

in unserem Verlag:

Spuk-Eifel

Ein aufgeweckter Teenager erfährt auf Ausflügen mit der Familie in die Eifel viel über die Legenden, Sagen und manchmal schaurigen Histörchen seiner Heimat. „Spannende und ein wenig gruselige Abenteuer an realen Schauplätzen..." schreibt der WochenSpiegel. Ein Buch, das jeder Bewohner der Eifel und jeder Tourist gelesen haben sollte.

21 x 15 cm, 90 Seiten, Softcover

Zu bestellen über den klassischen oder den Online-Buchhandel
ISBN 978 398 252 45281
EUR 12,50